DESCRIPTIONS

DES ARTS

ET MÉTIERS.

DESCRIPTIONS *DES ARTS* ET MÉTIERS,

FAITES OU APPROUVÉES

PAR MESSIEURS

DE L'ACADÉMIE ROYALE

DES SCIENCES.

AVEC FIGURES EN TAILLE-DOUCE.

A PARIS,

Chez { SAILLANT & NYON, rue S. Jean de Beauvais;
DESAINT, rue du Foin Saint Jacques.

M. DCC. LXI.

Avec Approbation & Privilége du Roi.

L'ART

DE FAIRE LES PIPES

A FUMER LE TABAC.

Par M. D*UHAMEL DU* M*ONCEAU,*
de l'Académie Royale des Sciences.

M. D C C. L X X I.

L'ART
DE FAIRE LES PIPES
A FUMER LE TABAC.

Par M. Duhamel du Monceau, de l'Académie Royale des Sciences (*).

L'usage d'afpirer la fumée de quelque plante eft fort ancien, & généralement établi, non-feulement chez les Peuples policés, mais même parmi les Nations fauvages. Nous avons dans nos Cabinets des Pipes, des Calumets induftrieufement travaillés par ces peuples, chez qui affurément les autres Arts ne font pas en honneur, & on nous en apporte de très-belles de la Chine, de la Perfe, du Mogol, &c.

Les Médecins ont recommandé l'ufage de la fumée du tabac ou de différents aromates pour guérir certaines maladies; & les gens défœuvrés de tous états, trouvent dans l'ufage de la fumée, un moyen de diffiper leur ennui. La fumée du tabac, le thé, le café, le punch, fervent chez les Peuples policés, à remplir les vuides de la converfation ou à donner le temps de la réflexion lorfqu'il s'agit de difcuter des affaires férieufes. L'ufage de fumer ayant paffé en habitude chez des perfonnes aifées, on a rafiné fur le choix du

(*) Je n'ai trouvé aucun Mémoire dans le dépôt de l'Académie, fur la façon de faire les Pipes; j'en avois bien vu faire autrefois aux environs de Rouen & à Chichefter en Angleterre; mais les notes que j'avois confervées étoient fort fuccintes, & plufieurs détails m'étoient échappés de la mémoire; de forte que ce qui m'étoit refté de plus utile, étoit la difpofition des Fourneaux. Heureufement M. Dubois, Ingénieur des Ponts & Chauffées de Rouen, a bien voulu venir à mon fecours; il m'a remis des plans très-exacts du petit fourneau dont on fe fert auprès de Rouen, du moule & de la preffe, avec des Mémoires très-circonftanciés, qui m'ont mis à portée de me rappeler des détails que je n'avois pas vus depuis long-temps; ils me mettent en état de publier la façon de faire les Pipes en Normandie. Mais on fait que les Pipes qu'on fait en Hollande l'emportent fur toutes celles des autres pays pour la blancheur, le poli & le fini.

M. Rigault, Chymifte de la Marine, qui réfide à Calais, ayant à portée de lui les Fabriques de Pipes de Dunkerque & de Saint-Omer; a bien voulu me faire part des recherches qu'il avoit faites fur la terre propre à faire des Pipes, & fur la préparation qu'on lui donne.

M. Allamand, célèbre Profeffeur de Phyfique en l'Univerfité de Leyde, a bien voulu me détailler les manœuvres qui font en ufage dans les grandes Fabriques de Hollande, & avec ces fecours, j'efpere que le Public recevra avec plaifir la defcription d'un petit Art qui offre des chofes bien dignes d'attention. Je trouve une vraie fatisfaction à faire connoître au Public l'obligation que j'ai à M. Allamand, à M. Dubois & à M. Rigault.

tabac , fur la façon de fumer. Les uns pour éviter la chaleur de la fumée qui leur échauffoit la bouche , l'ont fait paſſer par des tuyaux fort longs , tantôt de bois , tantôt de métal & quelquefois de cuir. D'autres ont même voulu , pour la rendre plus douce , qu'elle paſſât au travers de l'eau. Les gens du peuple , qui ayant preſque toute la journée la Pipe à la bouche , font en quelque façon blaſés par un uſage continuel de la fumée , cherchent cette âcreté qui déplaît aux autres , & fument avec des Pipes dont le tuyau eſt fort court.

Il y auroit matiere à une longue diſſertation , ſi j'entreprenois de décrire toutes les formes qu'on a données aux Pipes , & toutes les façons de fumer ; mais ce n'eſt pas mon objet. Je me borne à expliquer la maniere de faire les Pipes qui font d'un plus grand uſage en Europe ; je ne parlerai pas même de ces Pipes très-communes , dont le fourneau eſt de terre griſe , auquel on ajoute un tuyau de bois , non plus que des Pipes de métal ; il ne s'agit pour le préſent que des Pipes de terre blanche , connues ſous le nom de *Pipes de Hollande* : elles ont l'avantage d'être légeres , propres à réſiſter long-temps à l'action du feu , & d'être d'un prix modique ; cependant comme elles font fragiles , les gens du commun leur préferent les Pipes de métal ou celles de terre groſſiere , auxquelles ils ajuſtent un tuyau de bois ou de cuir , au moyen de quoi ils peuvent les mettre dans leur poche ſans crainte de les caſſer. Ces Pipes communes n'empêchent pas qu'il ne ſe faſſe une conſommation conſidérable de Pipes blanchés , & leur Fabrique occupent un grand nombre d'Ouvriers en France, en Angleterre , & ſur-tout en Hollande. C'eſt la façon de faire ces Pipes que je me propoſe de décrire avec exactitude ; & on peut dire qu'entre les ouvrages de terre cuite , ſi l'on en excepte la Porcelaine , il y en a peu qui méritent plus d'attention que les Pipes. Mais avant que d'entrer en matiere , je vais rapporter ce que M. Rigault m'a écrit ſur les différentes eſpeces de Pipes de ce genre , qui font venues à ſa connoiſſance.

Des différences que M. Rigault a remarquées dans les eſpeces de Pipes qui font tombées entre ſes mains.

Il m'a paru que l'on pouvoit en général diſtinguer les Pipes, en Pipes à talon & en Pipes ſans talon, connues ſous le nom de *Cajottes* ou *Cachottes* ; que les unes & les autres pouvoient auſſi ſe diſtinguer en gravées & en unies ; que les Pipes à talon pouvoient être diviſées en longues, moyennes ou demi-longues, & en courtes ; que ces trois eſpeces, relativement à la groſſeur des têtes, pouvoient encore ſe diſtinguer en groſſes, en moyennes & en petites : que ces mêmes Pipes à talon, relativement à l'inclinaiſon des têtes ſur les queues, pouvoient encore ſe diſtinguer en croches, dont l'axe des têtes fait angle droit avec les queues ; & en demi-croches, dont l'inclinaiſon des têtes tient le milieu entre celle des croches & celle des Pipes ordinaires ; que par rapport à la longueur des têtes, on divisoit encore les Pipes courtes à talon groffes ou petites, en ginguettes gravées & en ginguettes unies; & qu'enfin, relativement à la forme des talons & à la coupe fupérieure de la tête, on pouvoit encore diftinguer les Pipes à talon en Pipes à talon ordinaire, dont j'ai parlé plus haut, & en Angloifes, ou de façon Angloife qui ont le talon pointu.

Pour que l'on foit à portée de remarquer ces différences, & pour éviter la defcription de chaque efpece de Pipe ou de chaque moule en particulier, j'ai indiqué par des cotes leur véritable grandeur. On obfervera que les queues des longues Pipes n'ayant pu être tracées dans leur véritable longueur, j'ai eu l'attention de noter celle qu'elles ont ordinairement. On remarquera encore que les queues des Pipes provenant des Manufactures de Hollande, de quelque efpece qu'elles foient, font pour l'ordinaire d'un pouce plus longues que celles des Pipes que l'on fabrique en France, où il paroît que l'on s'eft appliqué à imiter les Pipes de Hollande, comme étant les plus belles & les plus parfaites de celles que l'on connoît.

La *Figure* 1, *Pl.* 1, repréfente la coupe d'une Pipe ancienne trouvée dans des terres de jardins qui n'avoient pas été remuées depuis long-temps. Sa longueur eft de 9 pouces.

La *Figure* 2 eft celle d'une Pipe longue gravée à talon, ayant les armes du Roi gravées à la tête, & quelques attributs de la Manufacture de Dunkerque, où elle a été fabriquée. Cette forte de Pipe fe débite dans la Flandre maritime, & la groffe qui eft de douze douzaines ou 144, fe vend 6 liv. 10 f. prife à la Manufacture. La longueur de la queue eft de 21 pouces, la longueur de la tête 24 lignes, le diametre 10 lignes.

Les *Figures* 3 & 4, font celles des Pipes longues ordinaires à talon & unies. La premiere eft fabriquée à Dunkerque, & l'autre en Hollande: elles fe vendent 5 liv. la groffe. Elles font d'ufage dans toute la France. Par rapport à la groffeur des têtes, on les diftingue en groffes, moyennes, & petites. La longueur de la queue a 21 à 22 pouces.

Les Pipes repréfentées par les *Figures* 5, 6 & 7, font des moyennes ou demi-longues. La premiere eft fabriquée à Dunkerque, & les deux autres en Hollande. Elles font d'ufage dans toute la France, & elles fe vendent 3 liv. 10 f. la groffe. On les diftingue auffi en groffes, en moyennes & en petites. La longueur de leur queue eft de 18 à 19 pouces.

Les Pipes des *Figures* 11, 12, 13, 14 & 15, font celles des courtes gravées & unies, groffes, moyennes & petites, fabriquées à Dunkerque & en Hollande. Il s'en confomme dans beaucoup de Provinces du Royaume; mais celle de la *Fig.* 15, qui fe nomme *courte à petit talon*, fe débite principalement à Paris. Elles fe vendent 40 f. la groffe. La longueur de leur queue eft de 8 à 9 pouces.

Les *Figures* 8, 9 & 10, font celles des longues croches & longues demi-croches fabriquées à Dunkerque & en Hollande. Les queues ont 18 à 19 pouces de longueur.

La *Figure* 16 eſt celle d'une courte croche, appellée auſſi *crochette* à la Manufacture de Dunkerque, où elle eſt fabriquée. Sa queue a 8 pouces ou 8 pouces & demi de longueur.

Cette eſpece de Pipe ſe diſtingue comme les autres en groſſes, en moyennes & en petites. Elles ſe conſomment dans tout le Royaume ; mais on tranſporte une très-grande quantité de longues croches & demi-croches à la côte de Guinée, pour la traite des Negres. Elles ſe vendent 5 à 5 liv. 10 ſ. la groſſe, & les courtes 40 ſ.

Les *Figures* 17 *&* 18 repréſentent des Pipes ginguettes gravées & unies, fabriquées à Dunkerque. Elles portent le nom de *ginguettes*, parce que les têtes étant petites, elles contiennent peu de tabac. On en fait paſſer de grandes quantités à Paris, en Bretagne, & dans les autres Provinces du Royaume, où le tabac eſt cher. Elles ſe vendent 40 ſ. la groſſe. La longueur de leur queue eſt de 8 à 9 pouces.

Les Pipes repréſentées par les *Figures* 19, 20, 21, 22, 23, 24, 25, 26 & 27, ſont Angloiſes ou de façon Angloiſe, fabriquées en Angleterre, en Hollande & en France. Ces Pipes différent entr'elles par la longueur des queues & par la groſſeur des têtes ; mais le caractere par lequel on les diſtingue des autres eſpeces, c'eſt qu'elles n'ont ordinairement aucune marque à la queue, les talons ſont à la plupart preſque terminés en pointe, & la coupe ſupérieure de la tête eſt parallele aux queues, l'axe de la tête ayant ſur la queue la même inclinaiſon que l'on remarque aux Pipes ordinaires à talon. On obſervera que celle appellée double W, *Fig.* 19, n'a pas tout-à-fait ces caracteres ; c'eſt une eſpece de Pipe particuliere Hollandoiſe, que l'on m'a aſſuré devoir être placée parmi les Angloiſes. Toutes ces Pipes ſe débitent en France, & elles s'y vendent 1 liv. 10 ſ. la groſſe : la longueur des queues varie depuis 10 pouces juſqu'à 13.

Les *Figures* 28, 29, 30 & 31, ſont celles des Pipes ſans talon, appellées *cajottes* ou *cachottes*. Ces Pipes ſont appellées ainſi, parce que n'ayant point de talons, les payſans les mettent plus facilement, ſans étui, dans les poches longues des culottes. Elles ſe débitent dans la Flandre & dans l'Artois ; les gravées ſe vendent 45 ſ. la groſſe, & celles qui ſont unies 35 ſ.

La *Figure* 32 eſt celle d'une eſpece de Pipe particuliere à la Manufacture de Saint-Omer, à laquelle on a donné le nom de *falbala* : elle ne ſort point du pays d'Artois.

N'ayant point égard aux petites différences dont nous venons de parler, les Pipes ſont de longs tuyaux de terre cuite très-fine & très-blanche ; à l'un des bouts de ce tuyau qui eſt recourbé, on pratique un évaſement dans lequel le tabac brûle : on l'appelle *le fourneau* ou *la tête de la Pipe*. Ce fourneau a un peu la forme d'un conoïde renverſé, & on pratique à la pointe un petit appendice de terre, qu'on nomme *le talon* : quelques-unes, qu'on nomme *cachottes*, n'en ont point.   On

On allume le tabac dans le fourneau, & on en aspire la fumée en suçant l'extrémité du tuyau.

Il se fait des Pipes de différentes terres & de différentes formes, les unes courtes, les autres longues; il y en a d'unies, les autres sont façonnées. Nous en avons amplement parlé plus haut, d'après M. Rigault.

On en fait en France, en Angleterre, & sur-tout en Hollande, où elles sont plus parfaites qu'ailleurs.

Des Terres dont on fait les Pipes.

CHAQUE ouvrier qui travaille à faire des Pipes, essaie de se procurer dans ses environs de la terre propre à cet ouvrage. Il s'en trouve à Fossay, à Gournay, à la Belliére, & plusieurs autres endroits aux environs de Forges, dans le pays de Bray. Mais pour les Pipes qu'on fait à Rouen ou aux environs, on tire la terre de Saint-Aubin & de Bellebœuf, au bord de la riviere de Seine, à deux lieues au-dessus de Rouen. Il y a lieu de croire qu'il s'en trouveroit encore en plusieurs autres endroits.

La terre à Pipe qui vient de Saint-Aubin & de Bellebœuf, se tire de mines profondes de 14 à 15 brasses, où l'on pratique des chambres de 18 à 20 pieds de diametre, & l'on en tireroit beaucoup plus de terre, si l'eau n'empêchoit pas les ouvriers d'y fouiller à une certaine profondeur. Lorsqu'on est obligé d'abandonner une mine, on en ouvre une autre à une petite distance, & on y trouve aussi abondamment de la terre à Pipe. La terre qui vient du Pays de Bray, se tire à ciel ouvert sans aucun danger & avec beaucoup moins de peine. Les Ouvriers se contentent de faire une tranchée de cinq à six pieds de profondeur qu'ils poussent devant eux.

Il paroît que dans le Pays de Bray, où l'on tire de cette terre sur la surface du terrein, la qualité du terroir tire, généralement parlant, sur une glaise extrêmement arrosée & imbibée d'eau.

A l'égard des mines de Saint-Aubin & de Bellebœuf, on trouve au fond la même qualité de terre que dans le Pays de Bray; mais sur la surface extérieure du terrein, il n'y a aucune marque apparente qui puisse indiquer sûrement que l'on trouvera, en creusant dans un endroit plutôt que dans un autre, de cette terre à Pipe.

La terre du Pays de Bray passe pour la meilleure; elle coûte sur le lieu 6 à 7 liv. d'achat, la quantité de ce qu'en peut contenir un muid, & 7 à 8 liv. de voiture du Pays de Bray à Rouen, ce qui fait en tout de 13 à 15 liv.

Sous le regne de Louis XIV, on fit défense de transporter hors du Royaume de ces sortes de terre; mais comme ces prohibitions ne regardoient proprement que la terre du pays de Bray, elles n'ont pas empêché l'enlévement de celles de Saint-Aubin & de Bellebœuf, qui ont beaucoup augmenté de prix par la quantité considérable que les Etrangers & les François en ont enlevée.

Comme on exige que les Pipes foient blanches, il faut que l'argile qu'on emploie ne contienne point de fer qui rougiroit à la cuiffon. Au refte, c'eft la fineffe de là terre qui en fait le principal mérite; elle ne doit contenir ni fable ni pyrite, & on n'eft certain de fa vraie qualité, que quand on en a fait quelques fourneaux, principalement pour s'affurer fi elle blanchit à la cuiffon; car la couleur n'eft pas exactement la même, il s'en trouve d'un peu grife, de cendrée, de blanche, de couleur de favon, qui font également bonnes.

Entre les terres qui fe tirent des mines, celle des couches les plus profondes eft la plus fine & la meilleure; mais elle a befoin de plus de feu pour être bien cuite. Cependant on fait ufage des couches fupérieures pour d'autres ouvrages.

La premiere terre qui fe tire de ces mines, eft deftinée pour les Potiers.

La feconde, pour les Fayanciers.

Enfin, la troifieme qui eft la plus fine, eft pour les Pipes, & à quelque profondeur qu'on la tire, elle doit être pure & exempte de fable.

On deftine encore pour les Fayanciers la terre qui fe trouve trop graffe, quoiqu'elle foit fine, parce qu'elle pourroit fe fendre dans le fourneau, & ne pas conferver la forme des moules à Pipes.

Les Ouvriers de Rouen prétendent, peut-être avec raifon, qu'ils en peuvent faire d'auffi belles qu'en Hollande; mais il eft certain que communément celles qu'ils font, paroiffent beaucoup moins belles, au moins le coup d'œil eft favorable à celles de Hollande. Cependant on en fait à Rouen de trois fortes, de fort communes, de plus parfaites, & quelques-unes très-fines qui approchent de celles de Hollande: mais les Pipes de Hollande ont toujours la préférence, quoiqu'elles foient un peu plus cheres que celles de Normandie.

Les Pipes de Hollande viennent la plupart de Leyde, Fleffingue & Roterdam; il y avoit auffi à Amfterdam une femme qui avoit la réputation de les faire fort belles.

M. Allamand m'a écrit que la Fabrique des Pipes en Hollande paroît être affectée à la ville de Gouda, quoiqu'on en faffe ailleurs, mais en petite quantité & de beaucoup moins belles. On compte dans cette ville plus de 280 Maîtres Fabricants de Pipes, dont quelques-uns occupent 60 à 70 Ouvriers.

Ces Pipes coûtent fur les lieux 16 f. argent de Hollande; & avec tous les autres frais, elles reviennent en France à environ 36 f. la groffe compofée de douze douzaines, ce qui eft un peu plus que celui des plus fines Pipes de France.

Ceux qui font grands fumeurs, prétendent que les Pipes de Hollande ont un petit défaut que n'ont point celles de France, qui eft de s'engraiffer. Ce n'eft pas un défaut pour les gens de condition qui en changent fréquemment; d'ailleurs nous dirons dans la fuite comment on peut leur rendre leur blancheur. A l'égard des matelots, ainfi que des autres perfonnes du bas peuple, ils fe plaifent à fe fervir de Pipes enfumées. Cette qualité des Pipes Hollandoifes provient, dit-on, de ce que la terre, dont les Hollandois font leurs Pipes, eſt poreuſe ; j'ai des raiſons d'en douter. On dit qu'ils tirent de proche Anvers de la terre à Pipes, & qu'ils l'eſtiment tellement, que dans les temps de guerre où ils ne pouvoient pas en enlever à cauſe qu'Anvers étoit entre nos mains, malgré toutes les interdictions de commerce entre la France & l'Eſpagne, ils obtinrent des Etats Généraux la permiſſion de ſolliciter des paſſe-ports pour en faire venir.

Mais M. Allamand m'écrit que la terre que les Hollandois emploient pour faire des Pipes, eſt une argille fine & graſſe qu'ils font venir des environs de Cologne & du pays de Liége. Cette derniere qu'on eſtime la meilleure, ſe trouve à 12 ou 15 pieds de profondeur en terre : on la fait ſécher ſur les lieux, & on l'envoye en Hollande dans des tonneaux qui en contiennent 460 livres : elle ſe vend ordinairement 5 florins. Il y a à Gouda des Marchands qui en fourniſſent aux Fabricants.

Avant de parler des préparations qu'on donne aux terres qu'on deſtine à faire des Pipes, je vais rapporter des Expériences que M. Rigault, Phyſicien de la Marine, a faites pour mieux connoître la vraie nature de ces terres.

Expériences ſur les Terres à Pipes, par M. R I G A U L T.

QUELQUES Minéralogiſtes ayant rangé les terres à Pipes dans la claſſe des Marnes, j'ai cru devoir, dans les recherches que j'ai faites à l'occaſion des Manufactures de Pipes, examiner les propriétés de ces terres, afin de connoître ſi elles étoient effectivement des marnes, & pour découvrir en même temps quelles ſont les qualités que ces terres doivent avoir pour former les plus belles Pipes.

Comme les marnes contiennent une aſſez grande quantité de terre calcaire, & que les Manufacturiers de Pipes ont la plus grande attention d'éloigner des murs les terres à Pipes qu'ils ont en magaſin, de crainte qu'il ne ſe mêle parmi de la chaux ou quelqu'autre ſubſtance crétacée que l'on a reconnu être en général très-nuiſible à la confection des Pipes, il étoit à préſumer que ces terres n'étoient pas des marnes ; mais les expériences dont je vais rendre compte, m'ont prouvé évidemment que c'étoit de véritables argilles, & même que celles dont la peſanteur ſpécifique étoit la plus grande, étoient auſſi, toutes choſes égales d'ailleurs, celles avec leſquelles on faiſoit les Pipes les plus parfaites.

Les terres à Pipes dont j'ai fait l'examen, ſont employées dans une Manufacture de Pipes établie dans la baſſe-ville de Dunkerque, & ſont établies à l'inſtar de celles de Hollande, & dans une Manufacture de Pipes communes établie à Saint-Omer.

Les terres dont on ſe ſert à Dunkerque viennent d'Andenne, dans le voiſinage de Namur, d'Autroche, village du Brabant, ſitué environ à une lieue de Saint-Guillain, & d'Angleterre.

Celle de la Manufacture de Saint-Omer se tire à Devres, Bourg du Boulon=
nois, à trois lieues environ de Boulogne.

La terre d'Andenne est celle dont les Hollandois se servent pour faire la
fayance fine & les belles Pipes qu'ils envoient dans toutes les parties du monde.
Je n'ai pu avoir aucun renseignement sur la maniere dont on la retire de la
mine. M. Gallon, Brigadier des Armées du Roi, Ingénieur en chef du Havre,
& Correspondant de l'Académie, parle de cette terre à la page 15 de l'Art de
convertir le Cuivre rouge en Cuivre jaune, qu'il a donné à l'Académie; mais il
n'entre point dans les détails de l'extraction de cette terre. Un homme de Saint-
Omer, qui avoit autrefois une Manufacture de Pipes, m'a assuré qu'ayant été
lui-même acheter de la terre à Andenne, il avoit vu qu'on la tiroit hors de plusieurs puits qui avoient environ 20 à 25 pieds de profondeur. Il a su sur le lieu
que les Hollandois en enlevoient de très-grandes quantités pour leurs Manufactures de Pipes. D'ailleurs, les Ouvriers que l'on a fait venir de Hollande pour
établir la Manufacture de Dunkerque, ont indiqué la terre d'Andenne aux
Propriétaires de la Manufacture de Dunkerque, qui en ayant fait venir, ont
fait fabriquer des Pipes entiérement semblables à celles de Hollande; ainsi c'est
mal à propos que l'on a imprimé dans un Dictionnaire d'Histoire Naturelle, au
mot *Terre à Pipes*, & dans une Minéralogie du même Auteur, à l'article *Marne*,
que les Hollandois tirent leur terre à Pipes de Rouen, à la faveur des vaisseaux
de cette Nation, qui s'en chargent sous le prétexte de prendre du lest. Je ne nie
pas le fait; mais cette terre n'est, ni ne peut être employée seule pour faire des
Pipes fines. Voici une preuve de cette assertion.

M. de la Ruelle, l'un des Propriétaires de la Manufacture de Dunkerque, fit
venir de Rouen, sur la foi de l'article du Dictionnaire que je viens de citer, des
échantillons de toutes les argilles que l'on trouve aux environs de Rouen, & il
n'en trouva qu'une qui pût faire des Pipes communes & de mauvaise qualité.

Quoique les terres à Pipes que j'ai examinées, eussent paru seches lorsqu'on
me les a procurées, j'ai cru devoir néanmoins les exposer pendant un mois sur
le four d'un Boulanger, afin de les amener toutes, autant qu'il étoit possible,
au même degré de sécheresse.

La terre d'Andenne ne fait aucune effervescence avec les acides; elle est
grise, & elle pese 150 livres quatre onces six gros le pied cube. Quinze pouces
cubes de cette terre réduite en poudre & passée par un tamis de soie, fait un
volume de 33 pouces cubes. Cette quantité de terre réduite en poudre mise
dans un vase, imbibe une livre trois onces & demie d'eau. Si l'on y ajoute une
grande quantité d'eau & qu'on l'agite, elle se délaie parfaitement. Les parties
de cette terre sont si fines, qu'elles se tiennent assez long-temps suspendues
dans l'eau. Dès que l'on cesse de l'agiter, les parties qui se déposent ont presque
déja autant de liant & de consistance que si elles n'étoient simplement qu'imbibées d'eau.

Si

Si l'on continue de verſer de l'eau & d'agiter le tout au point que toute la terre y ſoit ſuſpendue , & qu'en même temps on verſe le mélange par inclinaiſon , on trouve au fond du vaſe du ſable encore embarraſſé de parties argilleuſes , mais que l'on nettoie par un ſecond ou troiſieme lavage. Les 15 pouces cubes ont produit deux ſcrupules & 4 grains de ſable.

Cette terre eſt extrêmement ductile & liante ; lorſqu'elle eſt amollie au point d'être miſe en œuvre , elle acquiert plus de ſolidité par la preſſion du moule , que celles dont je parlerai dans peu. C'eſt pour cette raiſon que les Pipes que l'on fait avec cette terre , ſont aiſées à travailler tandis qu'elles ſont encore molles. Comme elles ne ſe caſſent ordinairement pas dans les différentes manipulations qu'elles éprouvent avant que d'être miſes au four , elles ſe poliſſent beaucoup mieux & les Ouvriers y gagnent davantage , parce que les accidents qui arrivent aux Pipes molles ſont à leur charge.

La terre d'Andenne a une autre qualité qui n'eſt pas moins avantageuſe aux Propriétaires des Manufactures de Pipes. La retraite dont elle eſt ſuſceptible à la cuite n'eſt pas conſidérable , & elle ſe fait également dans toutes les parties de la Pipe , de ſorte qu'il eſt rare d'en voir qui ſoient déformées. Leur ſurface d'ailleurs eſt très-unie , ce qui fait que le vernis qu'on y applique après la cuiſſon , les rend preſqu'auſſi luiſantes que ſi ce vernis étoit produit par la fuſion d'une matiere vitrifiable.

Cette terre prend une petite nuance rouſsâtre à la cuiſſon ; mais la dureté des Pipes & la conſervation de leur forme dédommage bien de cet inconvénient , ſi c'en eſt un.

La terre d'Autrache ſe tire à 20 pieds de profondeur ; & pour cela , on fait des puits d'environ 6 pieds de diametre. Le banc d'argille a environ 10 pieds d'épaiſſeur ; il eſt diviſé par lits de qualités différentes. L'argille la plus fine eſt miſe à part pour les Manufactures de Pipes & de faïance ; la plus groſſiere ſert pour les Poteries de terre & de grès établies dans le village & dans les environs.

Cette terre eſt brune ; elle ne fait pas efferveſcence avec les acides : elle peſe 143 liv. 4 onces 3 gros le pied cube. Dix-ſept pouces cubes réduits en poudre fine & tamiſée comme la précédente , ont occupé 42 pouces cubes qui ont imbibé 15 onces d'eau. Cette quantité contenoit 81 grains de ſable.

Cette terre n'a pas tout-à-fait autant de liant que celle d'Andenne ; elle ſe précipite plus vîte lorſqu'elle eſt délayée dans une grande quantité d'eau ; elle cuit un peu plus blanc , mais elle a un peu plus de retraite ; d'ailleurs elle ſe travaille bien. Elle a l'inconvénient de contenir quelquefois beaucoup de petites pyrites qui l'ont fait abandonner par la Manufacture de Dunkerque. On avoit coutume pour la dépouiller de ces pyrites , de la réduire en petits morceaux avant de la détremper pour la mettre en œuvre : on retiroit par ce moyen toutes celles que l'on pouvoit appercevoir ; mais il en reſtoit que l'on ne pouvoit voir, foit parce qu'elles étoient trop petites, ou parce qu'elles reftoient cachées dans l'épaiffeur des morceaux.

Ces pyrites détérioroient les moules par leur dureté, & lorfqu'elles fe trou-voient cachées dans l'épaiffeur des Pipes, elles perçoient, en fe décompofant à la chaleur du four, les Pipes d'outre en outre à l'endroit où elles étoient engagées, & elles communiquoient outre cela une couleur d'ochre aux environs des trous.

Cette terre coûte environ 40 fols le quintal rendue à Dunkerque, & la terre d'Andenne, que l'on y fait venir par la Hollande pour épargner les frais de tranfport par terre, y revient à trois liv. 10 f. (*)

Comme les Pipes que l'on faifoit avec la terre d'Autrache, étoient, à très-peu de chofe près, auffi parfaites que celles fabriquées avec la terre d'Andenne, il eft probable que l'on eût donné la préférence à la premiere à caufe de la modicité de fon prix, fans l'inconvénient des pyrites. Il eft certain que l'on peut la débar-raffer entiérement des pyrites, en la délayant dans une affez grande quantité d'eau pour les faire précipiter au fond du cuvier dans lequel on fait cette opéra-tion, ainfi que cela fe pratique dans les Manufactures de Faïance fine & de Porcelaine, où l'on a befoin d'une argille pure. Le Manufacturier de Dun-kerque, à qui j'ai donné ce confeil, m'a promis d'en faire ufage.

La terre Angloife que l'on emploie à Dunkerque eft très-blanche; elle eft beaucoup moins liante & moins compacte que les précédentes : elle ne fait point effervefcence avec les acides. Le pied cube pefe 135 liv. 11 onces; 18 pouces cubes & demi réduits en pouffiere & paffés par un tamis fin, ont occupé 45 pouces cubes. Cette quantité a imbibé une livre 5 onces d'eau. Lorfqu'elle eft délayée dans un grand volume d'eau, elle s'y tient plus long-temps fufpendue que celle d'Andenne. Cette quantité de 18 pouces cubes & demi, a dépofé 76 grains de fable.

Cette terre fe travaille très-difficilement : elle prend beaucoup moins de folidité dans le moule que les précédentes; ainfi les Pipes dans leur état de molleffe, font beaucoup plus fujettes à fe caffer dans les différentes manipula-tions qu'elles éprouvent, que celles qui font faites avec des terres plus com-pactes. Elle eft naturellement blanche, conferve fa blancheur au feu, & y devient très-dure; mais fa retraite eft fi grande & fi inégale, que fur 12 Pipes il ne s'en trouve fouvent pas deux qui confervent leur premiere forme. Leur furface eft outre cela fi raboteufe, que malgré leur blancheur & le vernis qu'on y applique, elles font défagréables à la vue.

Je n'ai pu avoir aucun renfeignement fur le lieu de l'Angleterre d'où l'on tire cette terre, ni fur la maniere dont elle eft tirée de la mine. J'ai appris qu'il étoit défendu fous de rigoureufes peines d'en fortir d'Angleterre. Celle que j'ai vue à Dunkerque, provenoit cependant d'un vaiffeau qui en étoit chargé, & qui fut pris & amené à Dunkerque par un Corfaire François pendant la derniere guerre.

(*) Il y a 20 livres de bon poids par quintal; ainfi le quintal eft de 120 livres.

Comme les Pipes Angloises ressemblent à tous égards à celles que l'on fabrique à Dunkerque avec la terre Angloise dont j'ai parlé, il est probable qu'elles sont faites avec la même terre.

La terre de Devres est une argille brune, compacte & liante; elle ne fait pas plus d'effervescence avec les acides que celles dont j'ai parlé. Le pied cube pese 144 liv. 3 onces 6 gros; 16 pouces cubes réduits en poudre, ont occupé 41 pouces cubes, qui ont imbibé 15 onces d'eau, & déposé 68 grains de sable après avoir été délayés dans une grande quantité d'eau. Elle est moins liante & moins compacte que celle d'Andenne; mais elle possede ces deux qualités essentielles aux terres à Pipes à un degré plus éminent que celle d'Autrache. Elle se travaille très-aisément & sans perte, & elle cuit dur avec peu de retraite, mais elle a l'inconvénient de rougir à la cuite, parce qu'elle contient des parties ferrugineuses. Quoique cette couleur ait paru jusqu'ici indestructible, je crois devoir faire connoître que le sieur Charles-Marie Roussel, Manufacturier de Saint-Omer, a trouvé le moyen de la faire cuire aussi blanche que celle d'Andenne. Il y a quarante ans que ce Manufacturier a trouvé le secret de détruire cette couleur ferrugineuse, ou de l'empêcher de se développer pendant la cuite. Il m'a avoué que j'étois le seul à qui il en eût fait part; il me paroît juste de lui en faire honneur en le rendant public.

Ce procédé est simple; il consiste à boucher, lorsque le feu est allumé, presque toutes les ouvertures pratiquées dans la partie supérieure du four, dont l'usage est de laisser évacuer la fumée. Il les tient ainsi fermées pendant trois quarts d'heure, de sorte que le four est alors rempli d'une fumée épaisse qui noircit les Pipes ainsi que l'intérieur du four. Il tient pendant un quart d'heure ces ouvertures débouchées; alors le feu devient actif, & la matiere fuligineuse déposée sur les Pipes se consomme. Il bouche encore les mêmes ouvertures pour trois quarts-d'heure, & il les ouvre encore pendant un quart-d'heure. Enfin il continue ainsi de fermer & d'ouvrir ces ouvertures pendant 22 à 24 heures que dure l'opération de la cuite; mais sur la fin il charge le foyer d'une plus grande quantité de bois qu'à l'ordinaire, en tenant les ouvertures débouchées pendant une heure. Il laisse éteindre le feu de lui-même, ainsi que cela se pratique dans les autres Manufactures, & les Pipes qu'il fait cuire de cette maniere, sont aussi blanches que celles de Hollande, tandis qu'elles seroient rouges s'il eût laissé débouchées, pendant le temps de la cuite, les issues par où la fumée doit s'échapper.

L'intérieur des Pipes cuites de cette maniere est moins blanc que l'extérieur; mais il est beaucoup moins rouge que ne seroit la même terre qui seroit cuite par un feu clair, ce qui me fait croire que la matiere fuligineuse, dont les Pipes se trouvent empreintes chaque fois que l'on ferme les ouvertures supérieures du four, procure du phlogistique à la terre ferrugineuse, ce qui détruit la couleur qu'elle exalteroit sans cela; ou bien, ce qui eſt peut-être plus vraiſemblable, que cette terre contenant du fer non-décompoſé, le phlogiſtique de la ſuie l'empêche de ſe calciner au feu & de manifeſter ſa couleur; mais de quelque maniere que cela s'opere, le fait n'en eſt pas moins vrai, & il fait certainement honneur au Manufacturier de Saint-Omer.

Si l'on fait attention que les terres à Pipes dont je viens de parler, ne font aucune efferveſcence avec les acides, & qu'elles ont d'ailleurs toutes les propriétés qui caractériſent les argilles, on voit que c'eſt avec raiſon qu'on ne les a pas compris dans la claſſe des marnes. Si l'on conſidere enſuite que la plus peſante, la plus compacte & la plus liante des argilles dont j'ai parlé, eſt celle qui produit les plus belles Pipes & de la meilleure qualité, telles que les belles Pipes de Hollande, qui ſont faites avec la terre d'Andenne, il paroîtra raiſonnable de conclure que les argilles qui feront tout à la fois les plus peſantes, les plus compactes & les plus liantes, quand d'ailleurs elles ne contiendroient pas une aſſez grande quantité de fer pour qu'elles deviennent rouges à la cuite, feroient les plus propres pour faire de belles Pipes.

J'ai cru devoir faire cet examen des terres à Pipes, principalement pour mettre à portée ceux qui doivent établir des Manufactures de Pipes fines, de connoître ſans beaucoup de dépenſe, celles qui ſont les plus propres à remplir leur objet. Nous avons beaucoup de ces argilles en France; il ne s'agit que d'être en état de connoître les meilleures.

Comment on prépare la Terre pour faire les Pipes.

L ES préparations de la terre à Pipe, ſont d'abord de la laiſſer tremper dans une cuve pleine d'eau pour la rendre ſouple & maniable. Il ne faut pas pour cela plus d'une demi-journée, pendant lequel temps on la travaille avec un inſtrument coupant comme une petite bêche, que l'on appelle *louchet*; enſuite de quoi on met cette terre ſur une table à l'épaiſſeur d'un demi-pied; & pour la corroyer, on la bat avec une barre de fer plus ou moins de temps, ſuivant la qualité de la terre. La fine a beſoin d'être plus battue, parce qu'elle eſt plus difficile à rendre maniable & liante. En deux heures de temps on bat une cuve de terre d'environ un demi-muid. Si elle ſe trouvoit fort fine, il faudroit plus le double du temps.

Après que cette terre eſt ainſi préparée & qu'elle eſt devenue comme de la pâte, elle eſt en état d'être travaillée.

Ce que nous venons de dire ſur la préparation de la terre eſt ſuffiſant, quand elle eſt naturellement de bonne qualité, & qu'on ſe contente de faire des Pipes communes. Mais à Dunkerque on apporte bien d'autres précautions pour parvenir à faire des Pipes qui ſoient aſſez fines pour le diſputer en beauté à celles de Hollande. Les détails que je vais rapporter, ſont d'après les Mémoires que j'ai reçus de M. Rigault.

L'Ouvrier

L'Ouvrier qui prépare la terre pour faire les Pipes, & qu'on appelle *Batteur*, eft chargé de recevoir les terres à la Manufacture, de les mettre en magafin, & d'y donner les foins qu'elles exigent.

Le magafin eft, ou doit être, un grenier difpofé de façon que l'on puiffe, au moyen des fenêtres, y établir un courant d'air lorfqu'il fait fec, & le tenir clos lorfque le temps eft humide.

Le Batteur reçoit la terre des Voituriers dans des mandes ou mannes d'ofier, (*Fig.* 2, *Pl. V*) garnies intérieurement de toile & de la même jauge que celles dont on fe fert pour la mefurer fur la mine. Il en ôte les corps étrangers qu'il y apperçoit ; & s'il rencontre des morceaux de terre où il y ait des graviers ou beaucoup de taches ferrugineufes, il les met de côté pour fervir au raccommodage des pots. Les mandes de bonne terre font portées à bras au magafin, ou elles y font montées à la faveur d'une corde & d'une poulie, quand le magafin eft un grenier. Il pofe la terre fur des planches quand le magafin eft pavé ou carrelé ; mais dans tous les cas il a l'attention de garnir avec des planches ou avec des nattes les murs du magafin, afin que la terre ne contracte ni l'humidité qui peut y régner, ni du fable & de la chaux qui peuvent fe détacher des murs ; enfin pour qu'elle feche plus promptement, il place les morceaux à côté & à quelque diftance les uns des autres.

Comme il eft important que la terre foit très-feche avant que d'être détrempée, le Batteur a l'attention d'ouvrir les portes & les fenêtres du magafin dans les beaux temps, & de les tenir fermées lorfque l'air eft humide. Il a encore la précaution, pour que la terre ne fe mêle point avec d'autres corps hétérogenes que ceux que l'air peut y dépofer, d'ôter fes fabots ou fes fouliers avant que d'entrer dans le magafin dont il eft le gardien.

La préparation des terres confifte à les mêler, à les écrafer, enfuite à détremper le mélange, à l'étamper & à le battre. Mais avant que d'entrer dans le détail de ces opérations, je crois devoir, pour en rendre l'explication plus intelligible, faire le détail de l'attelier & des uftenfiles du Batteur.

L'attelier du Batteur eft un emplacement clos de murs & couvert, ayant à peu-près 15 pieds en quarré. Dans les Manufactures bien montées, cet attelier eft toujours placé à côté de celui des Rouleurs & Mouleurs. Il contient trois cuves (*Fig.* 12, 13 & 14, *Pl. V,*) cerclées en fer, ayant deux pieds de diametre & environ 20 pouces de profondeur : elles font placées à côté les unes des autres, contre le mur, fur la même ligne & fur des madriers. A côté de ces cuves, & dans un des retours d'équerre de l'attelier, eft un établi, *Fig.* 15, qui forme un quarré long de 4 pieds 8 pouces de longueur, fur un pied 10 pouces de largeur, ayant environ deux pouces d'épaiffeur. Pour lui donner plus de folidité, il eft engagé par un grand & par un petit côté dans l'angle du mur. Il eft élevé de deux pieds & demi, & fupporté par quatre pieds folides joints enfemble par des traverfes, & pofés librement fur des madriers. Ces madriers ne font placés fous les cuves & fous l'établi, que pour empêcher la terre détrempée qui s'échappe quelquefois dans les différentes manipulations qu'elle éprouve dans cet attelier, de tomber fur le carreau & d'y contracter des faletés; auffi le Batteur entretient-il ces madriers très-propres. Il a encore l'attention de garnir de nattes ou de planches les murs au-deffus des cuves & ceux au-deffus de l'établi, afin qu'il puiffe retirer pure la terre qui fouvent y eft jettée, & s'y attache.

Les autres uftenfiles du Batteur font, un Maillet de bois, des Mandes ou Mannes d'ofier, le Barreau, l'Etampe, la Palette, le Battoir, la Razette, l'Ecumette, une Broffe de crin & un Piqueron.

Le Maillet (*Fig.* 1, *Pl. V,*) eft un maillet de bois très-ordinaire. Il fert à écrafer les morceaux de terre trop gros avant que de les mettre à détremper.

La Mande d'ofier, (*Fig.* 2) eft un panier à deux petites anfes très-fort : il eft garni intérieurement de toile, & il fert pour porter la terre au magafin, & la tranfporter de-là à l'attelier du Batteur.

Le Barreau (*Fig.* 3,) eft une barre de fer triangulaire, ayant le côté *B* de plus de moitié plus étroit que les deux autres *C. A* eft la poignée. Le petit côté a 11 lignes de largeur, & les deux côtés plus larges ont deux pouces. On en voit la coupe à la *Figure* 4. Cet outil fert à battre la terre fur l'établi.

L'Etampe (*Fig.* 5,) eft une pile de bois fervant à battre & à comprimer la terre dans une des cuves : c'eft ce qu'on appelle en Architecture une *dame.*

La Palette (*Fig.* 6,) eft un louchet dont l'ufage eft de fervir à remuer la terre lorfqu'elle eft détrempée, & pour la tranfporter d'une cuve dans l'autre, & de-là fur l'établi.

Le Battoir (*Fig.* 7,) eft de bois, & il eft tout-à-fait femblable à ceux dont fe fervent les Blanchiffeufes pour battre le linge. Il fert pour battre la terre dans la troifiéme cuve, & pour donner la forme cubique aux pieces de terre battues.

La Razette (*Fig.* 8,) dont la coupe eft repréfentée par la Figure 9, eft une ratiffoire de fer : elle fert pour ôter la terre qui refte collée fur l'établi après qu'elle a été battue.

L'Ecumette (*Fig.* 10,) eft formée d'un cercle de fer percé de plufieurs trous, fur lequel on ajufte une étamine de crin ou un treillis ferré de fil de laiton. Elle fert pour enlever les ordures légeres qui étoient engagées dans la terre, & qui viennent nager à la furface de l'eau lorfqu'elle eft détrempée.

La Broffe (*Fig.* 11,) eft de crin : elle fert pour nettoyer l'établi quand le Batteur fe difpofe à battre la terre.

Enfin le Piqueron (*Fig.* 16), eft une forte de bout de chevron arrondi, & dont les extrémités font prefque terminées en pointes. On s'en fert dans les Manufactures de Tournay pour battre ou fcraabter la terre dans la troifieme cuve.

Les Manufacturiers de la Flandre Françoife & de l'Artois, font dans l'ufage de mêler quelques terres communes avec celles d'Andenne ou d'Autrache dont j'ai parlé, parce que ces dernieres payent des droits assez considérables à leur sortie des Pays-bas Autrichiens, ce qui fait qu'elles reviennent, en y comprenant les frais de transport, à un si grand prix rendues aux Manufactures, qu'il ne seroit plus possible d'établir de concurrence entre les Pipes étrangeres & les nôtres, si l'on ne mélangeoit ces terres avec d'autres plus communes.

Ces mélanges se font dans des proportions différentes, selon que les Pipes doivent être plus ou moins fines; mais les Manufacturiers ont toujours grand soin de cacher ces proportions. J'ai su cependant qu'à Dunkerque on mêloit deux parties de terre d'Andenne avec une partie de terre Angloise pour faire les Pipes fines façon de Hollande; que pour faire les Pipes de façon Angloise, on s'y servoit de la terre Angloise pure; qu'à Saint-Omer on mêloit parties égales de terre d'Autrache & de celle de Devres, pour y faire des Pipes fines; que pour faire les Pipes communes, on employoit la terre de Devres pure; & qu'enfin à Valenciennes, on se servoit de parties égales de terre d'Autrache & de celle de Pau.

Lorsque le Batteur a fait au magasin le choix de la terre qu'il veut employer, il l'écrase en morceaux à peu-près de la grosseur d'un œuf de poule, au moyen du maillet, *Fig* 1. Il est par ce moyen plus en état de la bien éplucher; d'ailleurs, elle est beaucoup plus vîte & mieux détrempée que si elle restoit en morceaux plus gros. Il met à part, pour servir au raccommodage des pots, les morceaux où il apperçoit des corps étrangers ou des taches ferrugineuses. Il remplit la Mande *Fig.* 2, qu'il porte à son attelier, & il met la terre dans la cuve *A*, *Fig.* 12, qu'il remplit jusqu'à environ six travers de doigt du bord supérieur. Il verse ensuite de l'eau pour la détremper jusqu'à ce que la cuve soit pleine. Cette opération se fait ordinairement vers le soir, & l'usage est de laisser la terre s'imbiber & se détremper jusqu'au lendemain au matin. Alors le Batteur écume la terre, c'est-à-dire, qu'avec l'écumette *Fig.* 10, il enleve les ordures légeres, comme pailles, bois, &c, que la terre a abandonnées & qui nagent à la surface de l'eau dont elle est recouverte; ensuite il enfonce le fer de la palette *Fig.* 6, jusque sur le fond de la cuve, & il amene au-dessus la terre qui étoit au-dessous, en faisant attention si le tout est parfaitement détrempé. Il écume encore la terre, parce qu'il a déterminé les corps légers qui étoient en dessous à venir surnager. Il pratique ensuite une rigole à la surface de la terre, il la dirige vers le point *B* de la cuve *Fig.* 12, qui est un trou rond bouché par un fausset, dont l'usage est de laisser écouler l'eau que la terre n'a pu imbiber; mais il ne la laisse s'écouler que lorsque la terre, dont l'eau surabondante avoit été troublée par les manœuvres que je viens de décrire, est tout-à-fait déposée.

La terre dans cette opération n'est point délayée, elle n'a pris précisément que la quantité d'eau qu'elle a pu absorber. La pratique a prouvé que les eaux crues ou les eaux pluviales étoient également bonnes pour détremper les terres à Pipes, & que ces terres étoient d'autant plus vîte & mieux détrempées, qu'elles étoient plus féches. C'eft pourquoi le Batteur a l'attention d'en mettre fécher dans le voifinage du four lorfque celle du magafin ne l'eft pas affez. C'eft enfin la raifon pour laquelle il eft fi attentif à fermer & à ouvrir les fenêtres du maga-fin, ainfi que je l'ai dit, felon que le temps eft fec ou humide.

La terre étant ainfi détrempée, ne peut être employée par les Rouleurs & Mouleurs, qu'elle n'ait acquis une certaine confiftance, foit par l'évaporation de l'humidité, ce qui demande beaucoup de temps, foit en la mêlant avec des terres féches qui partagent l'humidité qui la rendroit trop molle ; mais comme le dernier de ces moyens eft le plus prompt, on la mêle avec des *fcraabes* ou rognures de Pipes molles, ou même des Pipes molles caffées, que les Mouleurs & les Trameufes ramaffent avec autant de foin que de propreté, & que l'on met fécher dans un grenier.

Lorfque l'eau eft écoulée de la premiere cuve, le Batteur prend la terre détrempée avec la palette, & il en fait un lit d'environ trois pouces d'épaiffeur dans la cuve *Fig.* 13 ; il en égalife la furface, puis il fait par-deffus un lit de fcraabes très-féches, d'environ deux pouces d'épaiffeur, dont il égalife auffi la furface. Enfuite avec le tranchant du fer de la palette qu'il enfonce jufqu'au fond de la cuve, il coupe les fcraabes trop groffes, & les fait pénétrer avec les plus petites dans l'argille détrempée. Les coups de palette font toujours donnés dans un fens oppofé, c'eft-à-dire, que la ligne que décrit le fer de la palette dans le premier coup, eft coupée à angle droit ou à peu-près par le coup fuivant. Cette opération étant faite, il arrange un fecond lit de terre détrempée fur ceux-ci, & un autre de fcraabes, qu'il travaille comme les précédents avec la palette ; alors il étampe.

Cette opération confifte à comprimer avec la Dame ou l'Etampe *Fig.* 5, ces quatre lits, jufqu'à ce qu'il juge par la diminution de leur volume, que les fcraabes ont imbibé l'eau furabondante de la terre détrempée, & qu'elles foient en quelque forte incorporées avec elle. Cette terre étant étampée ou pilée, il met par-deffus deux lits de terre détrempée comme ci-deffus, & deux lits de fcraabes qu'il mêle avec la palette & qu'il étampe. Enfin il ajoute encore fur ceux-ci deux lits de terre & deux de fcraabes qu'il mêle, mais qu'il étampe beaucoup plus long-temps que les précédents, parce que les premiers éprou-vent l'effet qu'il exerce fur les derniers. Cette opération très-pénible à caufe de l'adhérence de l'étampe à la terre, ce qui la rend très-difficile à relever, dure environ un quart-d'heure. Il nettoie alors l'étampe avec la razette *Fig.* 8, & il fcraabte la terre.

Cette opération confifte à transférer la terre étampée de la cuve *Fig.* 13, dans celle *Fig.* 14, au moyen de la palette, & à la battre un inftant avec le battoir *Fig.* 7, à mefure qu'il en a transféré trois ou quatre pellerées. Il continue ainfi jufqu'à ce que la cuve en queftion contienne toute la terre étampée. Comme cette opération fe fait fur de petites quantités de terre à la fois, les fcraabes font

mieux

mieux affimilées avec la terre détrempée, qu'elles ne l'avoient d'abord été par l'étampe ; & le Batteur eft d'autant plus intéreffé à la bien faire, qu'il évite par-là la peine de battre long-temps la même terre fur l'établi, opération qui eft, fans contredit, la plus pénible de la Manufacture. A Tournay on fcraabte la terre avec le piqueron *Fig.* 16, & l'on m'a affuré qu'elle l'étoit beaucoup mieux qu'avec le battoir.

La terre arrivée à ce degré de préparation pourroit être travaillée ; mais elle ne formeroit pas des Pipes d'une couleur uniforme : car les fcraabes qui proviennent d'une terre très-exactement mêlée, ne font pas encore affimilées avec celle-ci autant qu'elles doivent l'être. Pour lui donner ce dernier point de perfection, le Batteur prend en plufieurs pellerées avec la palette, à peu-près cent livres de la terre fcraabtée dans la cuve *Fig.* 14 ; il la pofe fur l'établi *Fig.* 15, qu'il a eu foin de nettoyer auparavant avec la broffe *Fig.* 11. Il en fait un lit long & étroit qu'il difpofe felon la longueur de l'établi, ainfi qu'on peut le voir en *B*. Il prend enfuite à deux mains le barreau *Fig.* 3, par la poignée *A*, & il frappe plufieurs coups du plat *C* fur ce lit, afin d'en égalifer la furface, & de réduire fon épaiffeur à environ deux pouces. Il frappe enfuite avec le dos *B* du barreau, par le travers du lit de terre, commençant par un bout & finiffant par l'autre, ayant l'attention à chaque coup, qu'il n'y ait que les trois quarts de l'épaiffeur du dos du barreau qui porte fur la terre non battue. Le lit s'élargit par l'effet du barreau, ainfi qu'on peut le voir en *C* ; mais dès qu'il eft entiérement battu, il le raffemble tant avec les mains qu'avec la razette *Fig.* 8, & il la difpofe encore felon la longueur de l'établi, mais dans un fens oppofé à la premiere difpofition, de façon que les coups de barreau doivent cette fois couper en travers les premiers ; enfin il la ramaffe après l'avoir battue, il la difpofe de la même maniere qu'elle étoit la premiere fois, & il la bat encore ; & fi à cette troifieme reprife il s'apperçoit, après l'avoir ramaffée & en avoir coupé une tranche avec un fil de laiton, que la couleur n'en eft pas uniforme, ce qui annonce que le mélange eft encore imparfait, il la bat une quatrieme fois.

Après que la terre a été battue & ramaffée, il la met en piece ; il en fait une maffe, à laquelle il donne, au moyen du battoir *Fig.* 7, une forme à-peu-près cubique, ainfi qu'on peut le voir dans la Figure 1, *Pl.* 6. Ces pieces de terre pefent de 80 à 100 livres : elles font placées à côté de l'établi fur une efpece de banc, où les Rouleurs viennent les prendre pour les mettre en œuvre ; mais comme la beauté des Pipes dépend en partie de la bonne préparation de la terre, elles ne font employées que lorfque le maître Ouvrier les a contrôlées. Ce contrôle fe fait en en coupant quelques tranches avec un fil, afin de voir fi la couleur eft parfaitement uniforme. Il eft auffi enjoint, fous peine d'amende, aux Rouleurs d'avertir le maître-Ouvrier lorfqu'ils ont des parties de pieces où la couleur eft comme marbrée.

A Tournay, à Valenciennes & à Saint-Omer, on fe fert, pour battre la terre, d'une barre de fer d'un pouce d'équarriſſage. L'opération eſt encore plus pénible avec ce barreau qu'avec celui à couteau, parce qu'il adhere davantage à la terre; mais elle eſt plutôt & plus exactement faite. Le barreau à couteau peſe 15 à 16 livres, & le quarré environ 20 livres.

A Tournay, les Batteurs ſont dans l'uſage de donner à la terre ce qu'ils nomment *des brouillards*, lorſqu'en la battant ils apperçoivent des parties qui ſont encore ſeches. Pour cela ils rempliſſent d'eau leur bouche, & ils la ſoufflent avec le plus de force qu'ils peuvent, ſur les parties qui leur paroiſſent trop peu humectées. Cette eau eſt réduite effectivement en parties ſi fines, qu'elles reſſemblent à un brouillard.

Le Batteur eſt ordinairement payé au mois dans les Manufactures; ſes gages ſont de 40 livres par mois. Il eſt tenu de préparer tous les jours de la terre pour 16 Mouleurs, de raccommoder les pots, de recevoir la terre & de la ſoigner tandis qu'elle eſt en magaſin, & de donner auſſi des ſoins aux ſcraabes, que les Ouvriers portent au magaſin qui leur eſt deſtiné.

M. Rigault a aſſurément bien exactement détaillé la préparation des terres à Pipes, telle qu'on la fait en Flandre; cependant je ne me crois pas diſpenſé de rapporter la méthode de Hollande, dont j'ai l'obligation à M. Allamand, d'autant qu'elle fournit des moyens plus expéditifs que celle de Flandre.

Pour mettre la terre à Pipe en état d'être employée par les Rouleurs & les Mouleurs, on commence par la faire bien ſécher; enſuite on la réduit en poudre avec un maillet, puis on la met tremper pendant un ou deux jours, ſuivant la quantité de terre qu'on veut préparer. Au bout de ce temps on fait écouler l'eau qui ſurnage, & on remue la terre avec une pelle de fer juſqu'à ce qu'elle ait acquis la conſiſtance d'une pâte liée; alors on la pétrit, & l'on en fait des eſpeces de pains longs d'un pied, larges & épais de 6 pouces: on les met dans un moulin pour les mieux pêtrir & rendre leur ſubſtance plus homogene.

Pour comprendre la conſtruction de ce moulin, il faut imaginer une barre de fer *A B, Pl.* 7, *Fig.* 1, établie perpendiculairement entre les poutres *O A M* & *N B P*; les deux bouts de cette barre ſont reçus, ſavoir celui *A*, dans des collets de fonte; & celui *B*, dans une crapaudine de même métal, & elle eſt mue circulairement au moyen du levier *C D*, qui lui eſt fermement attaché en *C*, & qui s'étend juſqu'en *D*, où l'on ajoute une barre de fer courbée *D g*, à laquelle on attele un cheval, qui, par un mouvement circulaire, fait tourner la barre *A B*.

Cette barre eſt dans l'axe d'un cylindre creux, ou d'un tonneau cylindrique ouvert par en-haut en *E G*, & fixé par en-bas ſur le plancher *R S*, qui lui ſert de fond. Ses douves ſont épaiſſes d'un pouce & demi, & ſont exactement jointes les unes aux autres par quatre cercles de fer *E*, *H*, *I*, *F*; ſon diametre eſt de deux pieds, & ſa hauteur *E G* de trois pieds & demi. Il eſt percé au bas de deux trous quarrés *a b c d*, de 8 pouces : ils font vis-à-vis l'un de l'autre.

Sa hauteur eſt partagée en quatre parties égales, en *c*, *c*, *c*, *c*, *Fig.* 2 , par autant de lames de fer *b c*, *Fig.* 2 *&* 3 , qui ont deux ou trois lignes d'épaiſſeur, & deux pouces & demi de largeur *i k*, *Fig.* 3. Ces lames ſont fixées à la barre de fer verticale, & forment comme autant de rayons du cercle formé par le cylindre où elles ſont placées, & de la circonférence duquel elles s'approchent autant qu'il eſt poſſible, ſans cependant la toucher. Chacune de ces lames horiſontales eſt chargée de quatre autres de la même largeur & épaiſſeur, mais qui s'élevent perpendiculairement à la hauteur de 6 pouces, telles que *a*, *a*, *a*, *a*, *Fig.* 2 *&* 3. Ces lames qui s'élevent perpendiculairement ſur la longueur des lames horiſontales ſur leſquelles elles ſont attachées, diviſent celles-ci en quatre parties égales ; celles *a b*, qui ſont le plus éloignées du centre, touchent preſque les parois du tonneau, & la plus baſſe des lames horiſontales raſe le fond, au-deſſus duquel elle eſt poſée. Les lames perpendiculaires font l'office de couteaux, & elles en portent le nom. Lorſque le cheval fait tourner la barre *E F*, *Fig.* 2, les couteaux coupent, par leur mouvement circulaire, les pains qu'on a mis dans le tonneau ; & la terre corroyée & diviſée en morceaux aſſez minces, ſort par les trous *a b c d*, *Fig.* 1 ; auxquels on adapte en dehors une planche *d K a*, pour retenir la terre qui en ſort ; on remet cette terre une ſeconde fois dans le moulin, & même une troiſieme, ſi on ne la trouve pas aſſez bien pétrie & corroyée.

Pour juger ſi la terre eſt telle qu'il la faut, les Ouvriers en prennent un morceau ſorti par les trous *a b c d*, & le coupent avec un fil de fer ; s'ils trouvent que la couleur eſt uniforme, ils ſont aſſurés que la terre eſt bien préparée & corroyée comme il faut ; alors ils en forment des pains comme auparavant pour les livrer aux Rouleurs : mais ſi cette terre n'eſt pas toute d'une couleur uniforme, ils la remettent au moulin.

La Figure premiere de la Planche 7, repréſente le moulin tel qu'il eſt quand le cheval fait tourner la barre *A B*, garnie de lames & de couteaux.

La Figure ſeconde en repréſente une coupe perpendiculaire, pour qu'on voie comment les lames horiſontales ſont aſſemblées au bas de la barre verticale.

La Figure troiſieme le repréſente vu perpendiculairement du haut en bas ; 1, indique la plus haute des lames horiſontales, 4, la plus baſſe ; 2 & 3, les lames intermédiaires. Les eſpaces compris en *d d d d*, ſont les trous par où ſort la terre. Le grand cercle *F F*, qui environne le moulin, & dont on ne voit qu'une portion à la *Fig.* 3 , marque le cercle que décrit le cheval.

Après que la terre a été préparée comme nous venons de l'expliquer, & qu'on l'a miſe en pain, comme on le voit *Pl. 6*, *Fig.* 1 , & en la pétriſſant ſur une table bien unie, on fait avec une partie de cette terre des rouleaux *Fig.* 2 , en leur donnant à peu-près la forme que les Pipes doivent avoir.

Les Ouvriers prétendent que c'eſt un point des plus délicats de leur Art, que de prendre préciſément la quantité de terre qui convient pour emplir le moule ; car il faut que le moule ſoit plein, & qu'il n'y en ait pas de trop.

On aſſemble ces rouleaux par poignées de quinze, ce qui fait ce que les Ouvriers appellent *une douzaine*. On les arrange ſur trois couches en forme de pyramide *Fig. 3*, *Pl. 6*. La premiere couche *A* eſt compoſée de ſix rouleaux, la ſeconde *B* de cinq, & la troiſieme *C* de quatre. Quand on forme ces poignées, la terre eſt aſſez ferme pour que les rouleaux puiſſen: ſe ſoutenir enſemble & être retournés en tous ſens, afin de les faire ſécher.

Ces rouleaux ayant acquis une conſiſtance ſuffiſante, on les détache des poignées pour les percer avec une broche de fer, *Fig. 5*, comme on le voit *Fig. 4*. Les Ouvriers font cette opération avec beaucoup d'adreſſe ; mais elle eſt bien difficile pour celui qui n'en a pas contracté l'habitude. L'Ouvrier ſaiſit ce qui doit faire le tuyau *a b*, *Fig. 4*, entre deux doigts qui ſuivent la pointe de la broche à meſure qu'il la fait avancer en pouſſant le manche ; car l'Ouvrier a le tact aſſez fin pour ſentir au travers de la terre une petite éminence circu-laire qui eſt au bout de la broche *Fig. 5*. Il faut que cette broche ſoit exactement de la longueur du moule, & l'Ouvrier doit former le trou, à très-peu de choſe près dans l'axe du rouleau *a b*, *Fig. 4*. Quand la broche eſt entrée dans le rou-leau de toute ſa longueur, il donne un coup de pouce à la boule de terre *d*, *Fig. 4*, qui doit former la tête de la Pipe, pour commencer à lui faire prendre l'inclinaiſon qu'elle doit avoir dans le moule.

On met enſuite la Pipe & la broche dans un moule de cuivre *Fig. 6*, qu'on a eu ſoin de frotter d'huile pour que la terre ne s'attache point aux parois. Ce moule eſt formé de deux pieces, ſur chacune deſquelles eſt très-proprement gravé en creux la moitié de la forme extérieure de la Pipe, ainſi que les orne-ments qu'on voit ſur quelques-unes des Pipes des Planches 1, 2, 3, 4.

On poſe l'une ſur l'autre les deux pieces du moule *Fig. 6 & 7*, qui ont des repaires *a a a* pour qu'elles s'ajuſtent bien réguliérement l'une avec l'autre ; & afin que les deux pieces du moule ne ſe dérangent pas, on met des chevilles dans les trous *a a a*.

On place ce moule dans une petite preſſe qui eſt fermement aſſujettie par des vis & des écrous *Fig. 17*, ſur une petite table *M*, *Fig. 8*. Cette preſſe *Fig. 8 & 9*, eſt formée d'une gouttiere de fer fondu & brut ; le fond *A* & les deux côtés *B C*, font d'une ſeule piece. Mais il y a dans l'intérieur de cette eſpece de gouttiere deux planches, une de fer poli *D*, l'autre de bois *G*, & la planche *D* n'eſt retenue auprès de la paroi *B* de la gouttiere, que par deux boulons de fer *E F E*, qui lui ſervent de conducteurs lorſque l'Ouvrier preſſe la planche *D* par la vis *H*, qui entre dans l'écrou *I*, *Fig. 8, 9 & 10*, qui a une tête qui l'arrête dans le côté *B* de la gouttiere de fonte. Au moyen de cette

vis,

vis, la planche de fer *D* eſt fermement preſſée contre le moule qui s'appuie ſur la planche de bois *G*, qui eſt retenue par la joue *C* de la gouttiere de fonte. Il ſuffit que la planche *G* ſoit de bois, parce qu'elle ne peut être endommagée par la vis comme la planche *D*, qui ſeule eſt expoſée à ſon action.

On conçoit qu'au moyen de cette preſſe & du moule, le tuyau de la Pipe eſt tout d'un coup formé; mais la tête n'eſt qu'ébauchée, comme on le voit *Fig.* 6. Pour la perfectionner, l'Ouvrier laiſſant le moule dans la preſſe, commence à former le godet en écartant la terre avec le doigt index, & la répandant également tout autour. Il prend enſuite un poinçon de fer nommé *l'étampeux*, *Fig.* 11, qu'il fait entrer dans la tête du moule; & afin que ſes parois ſoient d'une égale épaiſſeur, & que le talon de la Pipe ne ſoit pas endommagé, l'Ouvrier attache ſolidement autour de l'étampeux à l'endroit fixé pour la longueur de la tête, un morceau de cuir *S*, qui lui ſert d'arrêt. Il retire enſuite le moule de la preſſe, il pouſſe la broche de fer juſqu'à la poignée pour former la communication du tuyau avec la tête de la Pipe *Fig.* 12, qu'il retire tout de ſuite du moule pour la perfectionner avec un inſtrument *Fig.* 13, qu'on nomme *l'eſtriqueux*. Il emporte les bavures pour lui donner la forme *Fig.* 12, avec le bout arrondi *R*; il coupe l'excédent du tuyau avec une lame de fer ou de cuivre *P*, qui eſt attachée obliquement au manche, & avec la pointe *T*, il retire adroitement la petite boule de terre que la broche a pouſſée dans la tête de la Pipe.

Les Pipes étant ainſi perfectionnées, il les met ſécher ſur des planches en les arrangeant comme on les voit *Fig.* 14.

Quand elles ont pris une certaine conſiſtance, l'Ouvrier les reprend pour ôter encore avec un couteau, les bavures de la tête, & en arrondir les arêtes avec un petit bouton de cuivre ou de corne. La Figure 15 *A*, repréſente le bouton, & *B* ſa coupe, pour faire voir qu'on a pratiqué dans l'intérieur une rainure dont l'uſage eſt d'arrondir & de perfectionner les arêtes de l'ouverture de la tête; enſuite il repaſſe toutes les Pipes dans le moule pour les redreſſer, & à meſure qu'elles le ſont, il les arrange ſur des planches, comme on le voit *Fig.* 16, où l'on apperçoit deux rainures de chaque côté, dans leſquelles on met le talon des Pipes, ce qui ſert à les bien arranger, & on les laiſſe en cet état juſqu'à ce qu'elles ſoient aſſez raffermies pour ſupporter le dernier poli, la marque de l'Ouvrier & la dentelle, ainſi que nous allons l'expliquer.

On donne le poli en les frottant avec deux cailloux, qu'on nomme *Pierres de torrents*, dans leſquelles on a creuſé des carreaux du calibre ou de la groſſeur du tuyau & de la tête de la Pipe.

La marque de la Manufacture s'imprime ſur le tuyau à deux ou trois pouces de diſtance du talon, avec une eſpece de lame de fer où ſont gravées différentes ciſelures & des caracteres, en faiſant paſſer pluſieurs fois cette marque tout autour du tuyau de la Pipe. Elle s'imprime aifément dans la terre qui eft encore tendre.

La dentelle fe fait à la tête de la Pipe. Pour l'imprimer, l'Ouvrier met le bouton *Fig.* 15, dans le godet de la Pipe pour lui donner du foutien, & avec une petite fcie il parcourt le pourtour de la tête & imprime cette dentelle.

Quelquefois le moule porte lui-même en creux quelques ornements ; en ce cas l'Ouvrier les repare à la main avec un poinçon de fer & il enleve les bavures qui auroient pu fe former.

Les Pipes ayant ainfi reçu toute leur perfection, on les met fécher pour qu'elles foient en état d'être portées dans la chambre du four, & de réfifter à la chaleur qu'on leur fera éprouver pour les cuire.

Un bon Ouvrier peut faire par femaine environ vingt groffes de Pipes à cinq fols la groffe ; c'eft environ cinq livres qu'il gagne par femaine. On prétend qu'avec un demi-muid de terre à Pipe, on peut faire vingt-fix à vingt-fept groffes de Pipes.

Quoiqu'il y ait bien des opérations qui foient les mêmes dans les Fabriques de Hollande que dans celles de France que nous venons d'expofer, je vais rapporter ce que M. Allamand m'a écrit à ce fujet.

Après que la terre a été apprêtée comme on l'a dit, un Ouvrier en prend une quantité fuffifante pour faire une Pipe ; & comme il a l'œil & la main exercés à cela, il eft rare qu'il en prenne plus ou moins qu'il n'en faut : il la roule fur une table, en lui donnant à peu-près la figure d'une Pipe *A B*, *Fig.* 4, *Pl. VII.* Enfuite il affemble ces rouleaux par poignées de 24, & les arrange fur trois couches en forme de pyramides *Fig.* 5. La prémiere couche *a a*, eft compofée de 9 rouleaux ; la feconde *b b*, de 8 ; la troifieme *c c*, de 7. Ces rouleaux font formés d'une terre affez ferme pour qu'ils puiffent être retournés, afin qu'ils fe fechent mieux fans perdre leur figure, & fans s'attacher l'un à l'autre.

On les laiffe ainfi fécher pendant quelques heures, & quand ils ont acquis une confiftance fuffifante, on les fépare des poignées pour les percer avec une broche *a b*, *Fig. 6*, qui eft terminée en *a* par une petite éminence circulaire. Pour cela l'Ouvrier place le rouleau *a b*, dans une efpece de gouttiere de bois *A B*, *Fig. 7*, inclinée vers *A*, & fixée fur une table où eft auffi attaché le moule *G H*, dont on va parler ; enfuite faififfant le rouleau avec les deux doigts d'une main *E*, il le perce avec la broche *a F*, qu'il a foin de frotter d'huile auparavant, en obfervant les précautions décrites ci-deffus, comme en France. Quand cette broche eft entrée à peu-près de toute fa longueur, l'Ouvrier donne à l'extrémité la plus groffe *B*, *Pl. VIII*, un coup de pouce, qui commence à lui donner l'inclinaifon qu'elle doit avoir.

Ce rouleau ainfi percé fe met avec la broche dans un moule de cuivre jaune

Fig. 9 , qu'on a foin de frotter d'huile pour que la terre ne s'y attache point.

Le moule eft formé de deux pièces *A B* & *C D* , fur chacune defquelles eft gravée en creux la moitié de la forme extérieure de la Pipe , & fur la circonférence du talon on imprime les armes de la Ville. Les deux pieces ont des repaires *d d d* & *e e e* ; & pour qu'elles s'ajuftent réguliérement l'une fur l'autre, les repaires *d d d* ont des chevilles qui entrent dans des trous correfpondants faits aux repaires *e e e*. Ces moules font de différentes grandeurs , & font gravés plus ou moins profondément, mais toujours leur creux a, vers la tête en *b* , un diametre plus grand qu'en *A*. Celui qui eft repréfenté dans la Figure 9 , eft le moule d'une Pipe qui doit avoir 28 pouces de longueur ; le diametre de la queue en *A* eft de deux lignes , & en *b* de 4 lignes ; fa tête eft longue de deux pouces , & large de 21 lignes. En *c* , il y a un petit enfoncement qui fert à marquer exactement la longueur de la Pipe.

Ce moule fe met dans une preffe *Fig.* 10 & 11 , qui eft précifément la même que celle qui eft décrite plus haut pour les Pipes de France , excepté que les Ouvriers de Gouda mettent quelques feuilles de carton entre la planche de bois *K* & le côté *H* de la gouttiere , marquées par des points *i* , *Fig.* 10 , apparemment parce que faifant reffort, elles ménagent le moule.

Le tuyau de la Pipe étant formé par l'action de la preffe , l'Ouvrier y fait auffi la tête ; & pour cela il fe fert, comme en France, d'un étampeux *Fig.* 12 , pareil à celui des Ouvriers de France , environné d'un cuir *S* , retenu par le cercle *A*.

Enfuite il retire le moule de la preffe , & il en ôte la Pipe pour lui donner une nouvelle façon avec un inftrument qui répond à l'eftriqueux des Ouvriers François , & qui eft repréfenté de grandeur naturelle *Fig.* 13. *A*, eft un manche de bois, à l'extrémité duquel eft un fil de fer recourbé *C*, avec lequel l'Ouvrier ôte les bavures du tuyau de la Pipe ; *B* , eft une efpece de lame de couteau affermie dans le manche, avec laquelle on coupe l'excédent du tuyau , dont la véritable longueur eft marquée par le petit enfoncement qu'il y a dans le moule en *c* , *Fig.* 9.

Après cela on arrange les Pipes fur des planches qui ont une rainure de chaque côté, dans laquelle fe placent les talons des Pipes , comme cela fe voit *Fig.* 15. Les rebords de ces planches s'élèvent affez haut pour qu'on puiffe mettre plufieurs planches les unes fur les autres , fans que les Pipes en fouffrent.

On les laiffe ainfi fécher , en obfervant cependant qu'elles ne deviennent pas trop féches ; car il faut qu'elles reftent un peu fouples.

Tout ce travail fe fait par des hommes , qui font payés par groffes. Celui qui fait les rouleaux a quelque chofe de plus que les autres , qui reçoivent depuis 4 jufqu'à fix fols de Hollande par groffe. Une groffe contient quatorze douzaines , ou 168 Pipes. Mais le Maître n'en reçoit que 160 ; il faut qu'il rabatte 8 Pipes par groffe, pour dédommager les Ouvriers de celles qui fe caffent fans qu'il y ait de leur faute.

Quand les Pipes, en fe féchant, ont pris une certaine confiftance, des Ouvrieres les reprennent pour ôter avec un couteau les bavures qui font encore reftées. Pour cela elles commencent par remettre la broche dans le tuyau, afin de pouvoir mieux manier la Pipe qui eft encore fouple.

Elles ôtent premiérement les bavures de la tête, en coupant les arêtes avec un couteau *C B A D*, *Fig.* 14, *Pl. VIII*, à environ 8 à 10 pouces de longueur, y compris le manche. Près du manche en *B*, il y a une échancrure demi-circulaire, de la grandeur qu'elle eft dans la Figure; elle fert pour ôter les bavures du tuyau, & pour cela elle n'eft pas tranchante. Sur le dos du couteau en *C*, eft une efpece de petite fcie qui fert à faire la dentelle qui environne la tête de la Pipe. Au bout du manche eft un fil de fer recourbé *D*, avec lequel les Ouvrieres ôtent la petite boule de terre qui refte dans la tête, après qu'on a pouffé la broche pour faire la communication du tuyau avec la tête.

Quand elles ont coupé les excédents de la tête, elles en arrondiffent les bords avec un petit bouton de corne *Fig.* 16. *A* eft ce bouton, autour duquel il y a une rainure circulaire *a*, de même diametre que l'ouverture de la tête de la Pipe; cette rainure *a* fe voit en *B*, qui repréfente la coupe perpendiculaire de ce même bouton, que l'on voit de côté en *C*. La rainure fert à arrondir & polir les arêtes de l'ouverture de la Pipe.

Enfuite elles en poliffent & arrondiffent la tête avec un fil de fer courbe, qui eft plat & poli dans l'intérieur de fa courbure. *Voyez Pl. IX*, *Fig.* 18, où cet inftrument eft repréfenté dans fa grandeur.

Lorfqu'elles ont ainfi poli la tête, elles tracent autour de fon ouverture la dentelle avec le couteau de la *Figure* 14, *Pl. VIII*, & elles ôtent la petite boule de terre qui eft reftée dans l'intérieur; après quoi elles enlevent les bavures du tuyau, avec l'échancrure *B*, qui eft dans le même couteau *Fig.* 14; & enfuite elles le poliffent avec l'inftrument dont nous allons parler, *Fig.* 19, *Pl. IX*.

Il eft encore repréfenté ici dans fa vraie grandeur. C'eft une large lame de fer *A* ou *C*, attachée à un manche de bois *B* ou *D*. Dans la lame, il y a des rainures de différentes grandeurs *a*, *b*, *c*, qui font bien polies, & qui, par-là, donnent le poli au tuyau autour duquel on les promene. *A B* repréfente cet inftrument vu de côté; *C D* le fait voir de plat.

Quand toute la Pipe eft ainfi polie, les Ouvrieres mettent fur le tuyau, à 3 ou 4 pouces de diftance du talon, le nom de l'Ouvrier & de la Ville de Gouda. Ces noms font gravés fur les deux côtés d'un petit morceau de fer quarré *Fig.* 20; & pour les imprimer fur le tuyau de la Pipe, il n'y a qu'à faire rouler ce fer autour du tuyau. On voit ici cet outil de grandeur naturelle *Fig.* 20, *a b*. Ces deux noms font à quelque diftance l'un de l'autre, & l'intervalle qui les fépare eft orné d'une dentelle qui fe fait avec une efpece de fcie ou de

lime

lime qui fe voit en *b*, fur un troifieme côté de ce même outil. Après quoi on imprime fur le talon la marque de la Fabrique avec un poinçon *b*, *Fig.* 21.

Lorfque les Pipes font finies à ce point, les Ouvrieres en retirent la broche & les arrangent fur des planches *A*, *B*, *C*, *D*, *Fig.* 17, *Pl. VIII*, femblables à celles dont il a déja été parlé. Là on les laiffe fécher jufqu'à ce qu'elles aient perdu toute leur foupleffe & qu'elles foient fort dures. En été on les expofe pour cela au foleil, & en hiver on les met dans des chambres échauffées par des poëles; mais il faut éviter qu'elles fe fechent trop vîte; car alors elles courent rifque de fe courber.

Quand elles font bien feches, d'autres filles les reprennent pour en polir de nouveau les tuyaux & les têtes avec l'inftrument décrit ci-deffus *Fig.* 18, *Pl. IX*, & avec un autre outil *Fig.* 22, qui confifte en un caillou bien poli & formé en cône, attaché par une virole de cuivre à un manche de bois: la Figure en offre les juftes dimenfions. Le caillou eft quelquefois une agathe ou une pierre à fufil. Les filles qui font cet ouvrage gagnent 2 à 3 fols par groffe. Il ne refte plus qu'à les cuire.

De la Cuiffon des Pipes, & la defcription des Fours propres à cet ufage.

LE petit four ou fourneau propre à cuire les Pipes, forme à fon extérieur *Fig.* 18, *Pl. X*, une efpece de tourelle élevée fur une bafe de 32 pouces de diametre *Fig.* 19; cette tour a 5 à 6 pieds de hauteur, (je parle préfentement du plus petit four,) les murs qui ont environ 7 pouces d'épaiffeur, forment intérieurement un octogone tracé fur un cercle d'environ 17 pouces de diametre intérieur. Le dans-œuvre du fourneau, ou le diametre de ce qu'on nomme la *chambre*, eft de 14 pouces & demi.

Pour prendre une jufte idée de ce four, il faut faire attention que comme on exige que les Pipes foient très-blanches, il ne faut pas qu'en cuifant elles foient expofées à la moindre fumée. C'eft pourquoi le fyftême général de ces fours eft qu'il y ait en bas une fournaife *B*, *Fig.* 20, *Pl. XI*, où l'on brûle le bois, & au-deffus font les Pipes qui font foigneufement renfermées ou dans des gaffettes ou boiffeaux exactement fermés, ou dans une capacité bien clofe. Dans l'un & l'autre cas, les Pipes ne font point chauffées immédiatement par le feu; mais la chaleur échauffant ou les parois de la chambre ou les boiffeaux, elle cuit l'ouvrage qui y eft renfermé, comme dans un creufet qui n'a aucune communication avec la fumée.

Ceci bien entendu, on diftingue dans le four *Fig.* 18, *Pl. X*, dont on voit la coupe verticale *Fig.* 20, *Pl. XI*, & la coupe horifontale au-deffous du fourneau *Fig.* 21, même Planche: 1°. Les parois extérieures *A* du four, *Fig.* 20, *Pl. XI*, qu'on nomme le furtout. Le fourneau *B*, ou la fournaife dans laquelle eft le feu. 3°. La chambre *C*, ou le pot dans lequel les Pipes font renfermées.

4°. Le chapiteau *D* du Pot. 5°. Le chapiteau *E* du fur-tout. 6°. Le chandelier ou fufeau *F*, qui fert à foutenir les Pipes dans une pofition verticale. 7°. Le boiſſeau *G*, qui fert au même ufage.

La chemife ou le fur-tout *A*, qui forme l'extérieur du four, eſt bâtie fur les proportions que nous venons de donner, & conformément aux plans & profils, avec des tuileaux & un mortier de terre à four.

Le fourneau ou la fournaife *B*, eſt formé par une voûte de 17 pouces de diametre & 2 pouces d'épaiſſeur, conſtruite avec du tuileau & de la terre à four ; le deſſus de cette voûte eſt élevé de 14 à 15 pouces au-deſſus du ſol. Elle eſt fermée en plate-bande, bombée environ de deux pouces, & portée par huit petits piliers, qui ont trois pouces de faillie, deux pouces d'épaiſ-ſeur, & qui font conſtruits, comme le reſte, avec du mortier de terre & des tui-leaux. Tout cela s'apperçoit en *B*, *Fig.* 20, & on met le bois par une porte *H*, *Fig.* 18, *Pl. X.*

Pour que la chaleur du fourneau puiſſe ſe communiquer tout au pourtour de la chambre *C*, ou du pot, on fait à la voûte du fourneau, & entre les piliers qui la foutiennent, des ouvertures *I*, *Fig.* 21, *Pl. XI*, de 18 lignes de lar-geur, fur 5 à 6 pouces de longueur, qui fervent à laiſſer échapper la fumée, & à porter la chaleur entre le pot & le fur-tout ; car les Pipes doivent cuire comme dans une efpece de tourtiere. Les piliers qui foutiennent la voûte, font con-tinués juſqu'à la bafe du chapiteau, mais échancrés pour recevoir les tuileaux qui forment la chambre ou le pot, leſquels font bien ajointoyés & crépis avec de la terre, pour que la fumée qui paſſe entre tous les piliers, ne pénetre pas dans la partie du pot où font les Pipes. Il faut donc imaginer que ce pot *C* eſt entouré par fept tuyaux de cheminée *I*, qui le chauffent tout au pourtour.

La chambre ou le pot *C* eſt, comme on le voit à la *Fig.* 20, placée au-deſſus du fourneau *B*, & c'eſt l'endroit où l'on arrange les Pipes pour les faire cuire, ce qu'on nomme *empoter*.

On y arrange les Pipes circulairement autour d'un petit pilier de terre qu'on nomme *chandelier F*, *Fig.* 20. On le place au milieu de la chambre, & il eſt foutenu par une broche de fer qui le traverfe dans ſa hauteur ou fuivant ſon axe; au moyen de cette broche, on pourroit mettre pluſieurs chandeliers les uns au-deſſus des autres pour foutenir une colonne de Pipes plus élevée, comme on le pratique dans les grands fours.

Ces chandeliers ont un pouce de diametre, fur 8 à 9 pouces de hauteur, & leur tète eſt cannelée pour recevoir le tuyau des Pipes.

Quand on place pluſieurs rangs de Pipes autour du chandelier, on met un boiſſeau pour foutenir le poids des Pipes, qui étant pofées les unes fur les autres, tendroient à couler en s'écartant du chandelier, & on met encore des Pipes en dehors du boiſſeau pour remplir entiérement la chambre.

Ce que nous appellons ici *boiſſeau*, eſt un pot de terre qui n'a point de fond.

Il a dix à douze pouces de diametre, fur huit à neuf pouces de hauteur, l'é-
paiffeur de la terre eft de fix à fept lignes. On verra dans la fuite que dans les
grands fours on en met plufieurs les uns fur les autres.

On arrange les Pipes dans le pot circulairement autour du fufeau, comme on
l'a déja dit, la tête en en-bas, ainfi qu'on le voit dans la *Fig.* 20; mais quand il
y en a cinq à fix rangs de placés les uns fur les autres, on met par-deffus trois
ou quatre autres rangs de Pipes la tête en haut, & on obferve cette alternative
de pofition pour qu'il en tienne davantage dans le pot. La chambre ou le pot
étant ainfi rempli de Pipes, on forme fon chapiteau fur douze à quinze pouces
de hauteur, avec des feuilles de gros papier qui font recouvertes d'une couche
de terre de quatre à fix lignes d'épaiffeur, ce qu'on appelle *dorure*.

Ces dorures fe font avec de la terre à Pipe en poudre, qu'on imbibe d'une
fuffifante quantité d'eau, pour que l'Ouvrier puiffe l'appliquer & l'étendre avec
la main fur les feuilles de papier qu'il pofe fur un rang de Pipes déja cuites,
mais de rebut, qui portent d'un bout fur la colonne de Pipes à cuire, & de
l'autre fur les pans de l'octogone qui forme la chambre. Ainfi ces Pipes cuites
font comme une efpece de charpente qui foutient les papiers dorés.

On forme enfuite le chapiteau du fur-tout, à dix-huit lignes de diftance de
celui du pot, on le fait avec des tuiles gironnées qu'on joint avec de la terre,
& on termine cette efpece de dôme par un pot *K*, *Fig.* 18, *Pl. X.* & 20,
Pl. XI, qui eft percé au milieu pour laiffer échapper la fumée.

Le four eft chauffé avec du bois blanc, qui fait une chaleur très-vive & peu
de fumée lorfqu'il eft bien fec. Dans ces petits fours, fix ou fept heures fuffi-
fent pour cuire les Pipes. Il en faut quatorze ou quinze pour les cuire dans les
grands fours.

Quand les Pipes font cuites, & qu'on veut vuider le four, ou, comme l'on dit,
dépoter, on démolit les deux chapiteaux qu'il faut refaire toutes les fois qu'on
cuit de nouvelles Pipes, alors le four paroît comme une tour ronde de quatre
pieds de hauteur, & qui n'a point de couverture; à la place des chapiteaux, on
met fur le four une planche ou une large tuile pour entretenir la chaleur, &
que les Pipes fe refroidiffent peu-à-peu. On verra dans un inftant qu'on ne
démolit point le chapiteau des grands fours. Les petits fours dont nous venons
de parler, peuvent contenir dix-neuf à vingt groffes de Pipes. Ce font ceux
dont on fe fert à Rouen, & dont M. Dubois a bien voulu me donner les plans.

Des grands Fours pour cuire les Pipes.

Maintenant qu'on a pris une idée affez exacte de la conftruction des petits
fours, il nous fera aifé d'expliquer clairement la conftruction des grands fours,
dont le fervice eft plus facile, & qui mettent en état de beaucoup économifer
le bois.

Ces fours font quarrés, affez femblables aux fours où l'on cuit les tuiles & les briques. La Figure 22, *Pl. X*, en repréfente la fondation. *I I*, L'épaiffeur des murs au niveau du terrein. *A*, L'emplacement du fourneau, ou de l'endroit où l'on fait le feu. *B*, La bouche du fourneau, ou l'endroit par où l'on met le bois.

La Figure 23, *Pl. XI*, eft l'élévation extérieure de ce four. *K K*, Retraite qu'on fait pour diminuer l'épaiffeur de la maçonnerie, quand elle eft élevée au deffus de la voûte du fourneau. *L L*, eft le chapeau du fourneau. *C*, eft une porte qui fert à mettre les Pipes dans les boiffeaux qui font de terre rouge. Quand les boiffeaux font pleins, on ferme exactement cette porte avec une maçonnerie de brique & d'argille. *B*, eft la bouche du four qui fait faillie fur le vif du mur, comme on le voit au plan *Fig. 22*, *Pl. X*.

La Figure 24 eft une coupe horifontale du four au niveau de la ligne *K K*, *Fig.* 23, *Pl. XI*, ou au-deffus de la voûte de la fournaife. *K K*, La retraite de l'épaiffeur de la maçonnerie. *I I*, L'épaiffeur de la maçonnerie depuis les fonda-tions jufqu'au-deffus de la voûte de la fournaife. *B*, Bouche du fourneau. *E E*, Des ouvertures qui font à la voûte de la fournaife, par lefquelles la fumée, la flamme, & la chaleur du bois qui brûle dans la fournaife, fe communiquent dans toute la capacité du four. *D D*, Endroits où l'on place les boiffeaux, comme nous allons l'expliquer.

La Figure 25, *Pl. XI*, eft une coupe verticale de ce même four par la ligne *ab*, *Fig*. 24. *Pl. X*. *F*, L'intérieur du fourneau ou de la fournaife où l'on met le feu. *K K*, La retraite de la maçonnerie. *E E*, Les ouvertures qui font à la voûte du fourneau pour communiquer la chaleur dans l'intérieur du four. *LL*, Le chapi-teau, ou la couverture du four qui eft voûté. *H H*, Les évents, ou les ouver-tures qui font à cette voûte d'en-haut pour laiffer le paffage à la fumée, & établir un courant d'air dans la capacité du four.

On conçoit par ce que nous venons de dire, que la fumée fe répand dans toute la capacité du four. Cependant il eft de la plus grande importance que les Pipes que l'on cuit, foient entiérement à couvert des impreffions de cette fumée.

Ces grands fours n'ont point de chambre où de pot dans lequel on renferme les Pipes à couvert de la fumée ; mais on y fupplée en renfermant les Pipes dans des colonnes de boiffeaux formés de terre cuite, tels que *G*, *Fig.* 25. On com-mence par mettre fur la voûte du fourneau, aux places indiquées par *D*, *Fig.* 24, un boiffeau tel que *G*, *Fig.* 25. On pofe au milieu un chandelier, on rem-plit ce boiffeau de Pipes, & à mefure que la pyramide de Pipes s'éleve, on ajoute un chandelier qui eft enfilé par une broche de fer. Quand la pyramide furmonte le boiffeau, comme on le voit en *G 1*, on met un fecond boiffeau, qu'on lute bien avec le premier. Quand on a rempli de Pipes ce fecond boiffeau, on en ajoute un troifieme, & la colonne eft finie, comme on le voit en *G 2*. Il ne refte plus qu'à former fur la pyramide de Pipes *N*, avec

des

des tuiles creufes & gironées, le chapiteau *M*. On couvre d'un bon lut toutes les colonnes; & quand les neuf colonnes *D*, *Fig.* 24, font chargées, comme on le voit *Fig.* 25, on maçonne la porte *C*, *Fig.* 23, & on allume le feu qu'on fait d'abord fort doux, & qu'on augmente peu-à-peu, ce qui dure de quatorze à feize heures. Alors on laiffe éteindre le feu, puis on ouvre la porte *C*, mais on ne vuide les boiffeaux que quand ils font prefque froids, & lorfqu'il n'y a plus aucune fumée dans le four.

L'avantage de ces grands fours eft, 1°. d'être très-folides & de durer long-temps, fans exiger beaucoup de réparations.

2°. De ce qu'on eft difpenfé de refaire à chaque fournée le chapiteau du fourneau.

3°. De contenir une grande quantité de Pipes qui fe cuifent toutes à la fois.

4°. Comme la chaleur prend les boiffeaux tout autour, le feu eft employé bien plus utilement.

Les belles Pipes doivent être droites, d'une terre bien blanche, fines, luf-trées; la tête doit avoir une forme réguliere : il faut, avant de les acheter, exa-miner fi l'air paffe bien du fourneau dans toute la longueur du tuyau : elles doivent être bien cuites & fonores. On en fait d'une longueur extraordinaire, mais communément la longueur du tuyau eft comme on le voit aux Planches **I**, **II**, **III** & **IV**.

Les fours de Hollande font un peu différents de ceux dont je viens de parler, ainfi je vais en donner la defcription d'après ce que m'a écrit **M. Allamand**.

Quand les Pipes font bien finies, comme nous l'avons expliqué, & qu'elles font bien feches, il faut les cuire. Pour cela on les met dans des pots fem-blables à celui qui eft repréfenté en *B C D E*, *Fig.* 23, *Pl. IX*. *A B C* en repréfente le couvercle. Ces pots ont une figure un peu conique; leur ouver-ture *B C* a un pied de diametre, & le bas en *D E* a 9 pouces; leur hauteur perpendiculaire de *B* en *D* eft de deux pieds; leur épaiffeur eft par-tout de deux pouces. Ils font pofés fur trois pieds, qui empêchent le fond de toucher fur le fol fur lequel ils repofent; leur couvercle a, comme leur embou-chure, un pied de largeur de *B* en *C*, & forme un cône dont la hauteur eft d'un pied & demi.

Ces pots fe font à Gouda, d'une terre graffe qu'on tire de la Frife; s'ils font bien entiers, ce qu'on connoît par le fon qu'ils rendent quand on les frappe, ils coûtent 8 fols la piece : ils n'en valent quelquefois que 7, & même moins.

On voit, *Fig.* 24 *Pl. IX*, la coupe d'un de ces pots avec fon chandelier *A B*, qui eft repréfenté plus en grand en *A D*, *Fig.* 25.

Ce chandelier eft un tube d'argille cuite, cylindrique, dont le diametre a par-tout 2 ou 3 pouces, excepté vers fon extrémité inférieure *D*, où il s'élargit un peu pour lui donner un peu plus d'affiette, ce qui lui donne la figure d'une trompette, & on le nomme ainfi. La hauteur de *A* en *B*, eft de deux pieds : il eft cannelé, pour que les Pipes qu'on appuie contre ne gliffent pas.

Il eft percé en *C C C* de trous. Nous parlerons dans la fuite de leur ufage.

On place ce chandelier au milieu du pot *B D E C*, *Fig.* 24; on arrange les Pipes autour la tête en en-bas, jufqu'à ce qu'elles excedent d'un pied la hauteur du pot; alors on verfe par l'ouverture *A* du chandelier, de la terre à Pipe cuite, réduite en poudre, & paffée dans un tamis fin, de crainte que de trop gros grains ne paffaffent par les trous du chandelier. Cette efpece de fable fe répandant ainfi dans les cavités que les Pipes peuvent laiffer entre elles, & rempliffant exactement tout le pot, leur fert de foutien, & les empêche de fe courber durant la cuiffon.

Quand les pots font ainfi préparés, on les couvre de leur couvercle *A B C*, *Fig.* 23, & l'on en bouche ou lute foigneufement la jointure avec de l'argille, pour empêcher la fumée d'y entrer. On les enduit auffi par-tout en dehors de la même argille avant que de les mettre au four; & fi on obferve cette précaution à chaque cuiffon, le même pot pourra fervir quatre ou cinq fois.

Il fe fabrique en Hollande une fi grande quantité de Pipes, que l'on n'y trouveroit pas fon compte fi l'on employoit ces petits fours, qui font en ufage à Rouen, & qui ont été décrits ci-deffus. Les Hollandois, au moins les habitants de Gouda, ne fe fervent que de grands fours, un peu différents des grands fours de France: je vais les décrire auffi exactement qu'il me fera poffible.

Ces fours font tous bâtis fur le même modele dans Gouda; ainfi pour en faire connoître la conftruction, il fuffit d'en décrire un feul: on en a choifi un de la Fabrique du Moulinet, qui eft la plus confidérable.

Ce four, dont on voit ici l'élévation, *Fig.* 30, *Pl. IX*, eft rond; fon diametre extérieur *C D*, eft de 16 pieds. Il eft bâti de briques faites avec une terre graffe qu'on tire des bords de l'Yffel, riviere qui paffe par Gouda; & au lieu de chaux, on fe fert de cette même terre pour les joindre enfemble & les maçonner. Ces fours ainfi maçonnés durent plufieurs années; il y en a un dans la Fabrique du Moulinet, qui fert depuis fept ans.

La Figure 31 repréfente la coupe de ce four, & il fera aifé de connoître l'épaiffeur de la maçonnerie, tant du bas que de fes différentes retraites, la longueur de la ligne *D C*, *Fig.* 30, étant de 16 pieds.

Il eft couvert par une voûte en plein-cintre, au milieu de laquelle eft un trou *F*, *Figures* 30 & 31, rond, de deux pieds de diametre; c'eft par ce trou que fort la fumée. Il y a encore fix autres trous ou évents quarrés de 6 pouces, *d*, *d*, *d*, *d*, qui fervent pour faire jouer la flamme jufqu'au haut, & outre cela un feptieme trou encore plus grand *O*, *Fig.* 31, qui s'ouvre & fe ferme à volonté par une porte de fer. Ce trou eft deftiné à rendre la flamme plus ou moins vive. Les fix autres trous font toujours ouverts.

La voûte a par-tout un pied d'épaiffeur; fa plus grande élévation de *O* en *F*, *Fig.* 30, eft de treize pieds & demi. Pour donner plus de fermeté à toute cette maçonnerie, le four eft environné de deux cercles de fer *b*, *b*, *Fig.* 30 & 31.

Le four n'a qu'une feule ouverture *A*, *Fig.* 30, haute de 5 pieds, & large de trois; c'eft par-là qu'on entre pour placer les pots *p*, *p*, *p*, comme on le voit *Fig.* 31.

Pour bien entendre cette opération, & la maniere dont le feu agit dans ce four, il faut jetter les yeux fur les Figures 32 & 33. La premiere repréfente une fection horifontale du four, faite par la ligne ponctuée *e*, *e*, *Fig.* 30; la Figure 33 eft la coupe de ce même four par la ligne ponctuée ʒʒ, de la Figure 31.

L'endroit où fe placent les pots, eft l'efpace circulaire *D E F G*, *Fig.* 33, féparé des murailles du four par un canal auffi circulaire *d y g y*, *Fig.* 31, & par *R P Q*, *Fig.* 33. Au milieu de ce même efpace eft un trou *a b c e*, *Fig.* 33, long de 5 pieds, & large de deux.

Le diametre de cet efpace circulaire eft de huit pieds & demi, le canal qui l'environne a un pied & demi de largeur.

Ce canal a communication avec deux autres conduits *a c*, *b d*, *Fig.* 32, ménagés fous l'efpace circulaire où fe mettent les pots; & ceux-ci, dans l'endroit où ils fe croifent, fe confondent avec le trou *a b c e*, *Fig.* 33, qui n'eft proprement que la partie *i k*, *Fig.* 32, du conduit *b d*, reftée à découvert. Le cercle ponctué qu'on voit dans ce trou en *H*, *Fig.* 33, eft l'efpace qui répond au trou du milieu de la voûte par où fort la fumée; & les points *d*, *d*, *d*, *d*, *d*, *d*, indiquent l'emplacement des fix trous ou évents qu'on ménage dans le corps du four, marqués par les mêmes lettres dans les *Figures* 30 & 31.

Le canal circulaire a trois ouvertures *B*, *B*, *B*, *Fig.* 30 & 32, par où on allume le feu, comme nous allons l'expliquer. Il eft, de même que le trou *a b c e*, *Fig.* 33 & 31, recouvert de tuiles courbes *x x*, mais qui laiffent entre elles des intervalles *n*, *n*, par lefquels la flamme peut paffer. Ces tuiles fe placent avant qu'on mette les pots dans le four. Ces pots *p*, *p*, *p*, *p*, *Fig.* 31, font arrangés comme la Figure l'indique; on en remplit d'abord tout le plan du fourneau, y compris les endroits recouverts de tuiles; enfuite on les met les uns fur les autres, jufqu'à ce que le four foit plein. Après cela on ferme la porte *A*, *Figures* 30 & 33, avec des briques & de l'argile; & pour que cette porte refte bien bouchée, on en affermit la maçonnerie par des barres de fer qu'on affujétit par des gonds *n n*, *Fig.* 30.

Le four étant ainfi rempli & fermé, il faut le chauffer. Pour cela on met des tourbes dans les conduits *a c*, *b d*, *Fig.* 32, auffi bien que dans le canal circulaire avec lequel ils communiquent : les ouvertures *B*, *B*, *B*, fervent à cette opération. On allume ces tourbes, & on entretient le feu pendant 50 ou 60 heures; mais il faut avoir foin que dans le commencement le four s'échauffe lentement, augmentant peu-à-peu fa chaleur, jufqu'à ce qu'enfin il devienne tout rouge. Quand on voit le four dans cet état, fur-tout à la porte nouvellement maçonnée, il femble être tranfparent. On entretient ce haut degré de chaleur, jusqu'à ce qu'on juge que les Pipes soient suffisamment cuites. Alors on laisse éteindre le feu & refroidir le four.

On conçoit aisément par sa construction, que la flamme doit avoir pénétré par-tout dans son intérieur, au moyen des ouvertures que laissent entr'elles les tuiles dont sont couverts les canaux du fond ; la fumée y pénetre aussi, mais elle ne parvient pas jusqu'aux Pipes, qui sont enfermées dans leurs pots.

Il faut observer que le bois n'est point propre à chauffer ces fours ; il les chauffe trop subitement, & les Pipes se brisent. Toutes les tourbes mêmes ne s'emploient pas pour cet usage. On préfere à Gouda les tourbes de Frise à celles de Hollande, parce qu'elles prennent feu moins vîte.

Après que le four est refroidi, on ouvre la porte & on en ôte les pots. Les Pipes qu'ils renferment n'ont cependant pas encore cet émail ou ce brillant qui en fait la beauté, & que les Pipes de Hollande ont par dessus toutes les autres.

A l'égard des Pipes communes, pour qu'elles ne s'attachent pas aux levres, quand elles sont presque refroidies, on les tire du pot & on les trempe dans une espece de lait qu'on fait avec une terre fine détrempée dans beaucoup d'eau. Cette terre qu'on ne fait pas cuire & qu'on laisse se sécher d'elle-même, augmente leur blancheur, & forme une espece de vernis, quand on les polit avec un morceau d'étoffe un peu rude ; mais il y a un plus beau vernis que celui-là, dont M. Rigault m'a écrit que les Fabricants faisoient un secret.

Dans les différentes recherches qu'il s'est donné la peine de faire à cette occasion, les Manufacturiers, au lieu de lui dire comment ils faisoient leur vernis, cherchoient à le dérouter, en l'assurant qu'il étoit composé d'une décoction de noix de galle, dans laquelle on mettoit un peu de blanc de craie. M. Rigault feignit de le croire ; mais ayant pris un peu de leur vernis, il reconnut qu'il étoit composé d'un peu de savon, de cire, de gomme & d'eau : partant de-là, voici comme il lui a paru qu'on pouvoit faire ce vernis. Un quarteron de savon noir ou blanc, deux onces de cire blanche, une once de gomme arabique ; on fait bouillir ensemble le tout, pendant trois ou quatre minutes, dans quatre pintes d'eau, mesure de Paris, ayant soin, tandis que l'eau se refroidit, d'agiter le mélange avec quelques brins de balai, afin que la cire, qui ne se dissout pas dans ce mélange, soit divisée en parties si fines, qu'elle ne se rassemble pas à la surface de l'eau ; mais la colle de parchemin lui a paru mériter la préférence sur la gomme arabique.

M. Rigault a encore remarqué, en faisant ses expériences, que les Pipes imbibées d'huile, d'eau de savon, ou de quelque mucilage tiré soit des végétaux, soit des animaux, ne se colloient plus à la bouche, mais qu'elles n'étoient pas aussi brillantes que lorsqu'on y joint de la cire.

Voici ce que M. Allamand m'a écrit à ce sujet :

Pour

Pour donner aux Pipes cet émail ou ce vernis, on les trempe à froid dans une eau préparée ; & enfuite on les frotte avec un morceau de flanelle. Je n'ofe pas affurer que je connoiffe la compofition de l'eau dont on fe fert pour cela ; les Maîtres Fabricants en font un fecret. Un d'entr'eux m'a dit qu'elle fe préparoit de la maniere fuivante. On jette dans de l'eau bouillante une certaine quantité de favon d'Efpagne & de cire blanche ; on laiffe cuire ce mélange pendant une demi-heure, & quand il eft refroidi on le verfe dans une cuve, pour s'en fervir à froid, comme je viens de le dire.

Quand les Pipes ont ainfi acquis toute leur perfection, on les vend par groffes, qui n'en contiennent que 12 douzaines, & qui different par conféquent de celles qui font en ufage parmi les Ouvriers qui les fabriquent.

Quand les Pipes font bien droites, d'un bel émail, & de 18 pouces de longueur, ce qui eft leur longueur la plus commune, elles fe vendent environ deux florins ou quarante fols de Hollande ; fi elles ont 28 ou 30 pouces de longueur, elles fe vendent quatre florins. Il faut remarquer qu'à chaque groffe on ajoute une Pipe dont le tuyau & la tête font chargés d'ornements en relief ; les Hollandois la nomment la *Pipe du nouveau Marié* : on comprend que ces Pipes fe font dans des moules particuliers, où l'on voit en creux ce qui eft relevé fur la Pipe.

La grande confommation qui fe fait de Pipes en Hollande, engagent ceux qui vont à l'économie, de faire brûler leurs Pipes après qu'ils s'en font fervis, pour les blanchir. On met les Pipes fales fur des grilles, au-deffous defquelles il y a un feu de charbons non-fumants ; on les laiffe fur ce feu jufqu'à ce qu'elles deviennent rouges par-tout : par-là les Pipes reprennent en quelque façon leur premiere blancheur, & peuvent fervir de nouveau ; mais par-là auffi elles deviennent plus caffantes, & perdent leur vernis, ce qui fait qu'elles s'attachent aux levres. On n'ofe pas préfenter ces Pipes brûlées à ceux qui font un peu délicats dans le choix des Pipes & du tabac. Cependant il y a dans prefque toutes les Villes de la Hollande, des gens qui gagnent leur vie à brûler ainfi les Pipes.

Quelquefois le tuyau de la Pipe fe remplit des fuliginofités du tabac, qui les obftruent par l'opération de les brûler. On confomme cette fuie qui fe réduit en cendre, qu'on emporte aifément avec un fil de fer.

Quand on achette des Pipes, il faut toujours éprouver fi l'air paffe du fourneau ou de la tête, dans le tuyau ou la queue.

Fin de l'Art de faire les Pipes.

EXTRAIT DES REGISTRES

DE L'ACADÉMIE ROYALE DES SCIENCES.

Du 6 Juillet 1771.

MOnſieur BAILLY qui avoit été nommé pour examiner la Deſcription de l'*Art de faire les Pipes à fumer le Tabac*, par M. DUHAMEL, en ayant fait ſon rapport, l'Académie a jugé cet Ouvrage digne de l'impreſſion; en foi de quoi j'ai ſigné le préſent Certificat. A Paris le 6 Juillet 1771.

GRANDJEAN DE FOUCHY,

Secrétaire perpétuel de l'Académie Royale des Sciences.

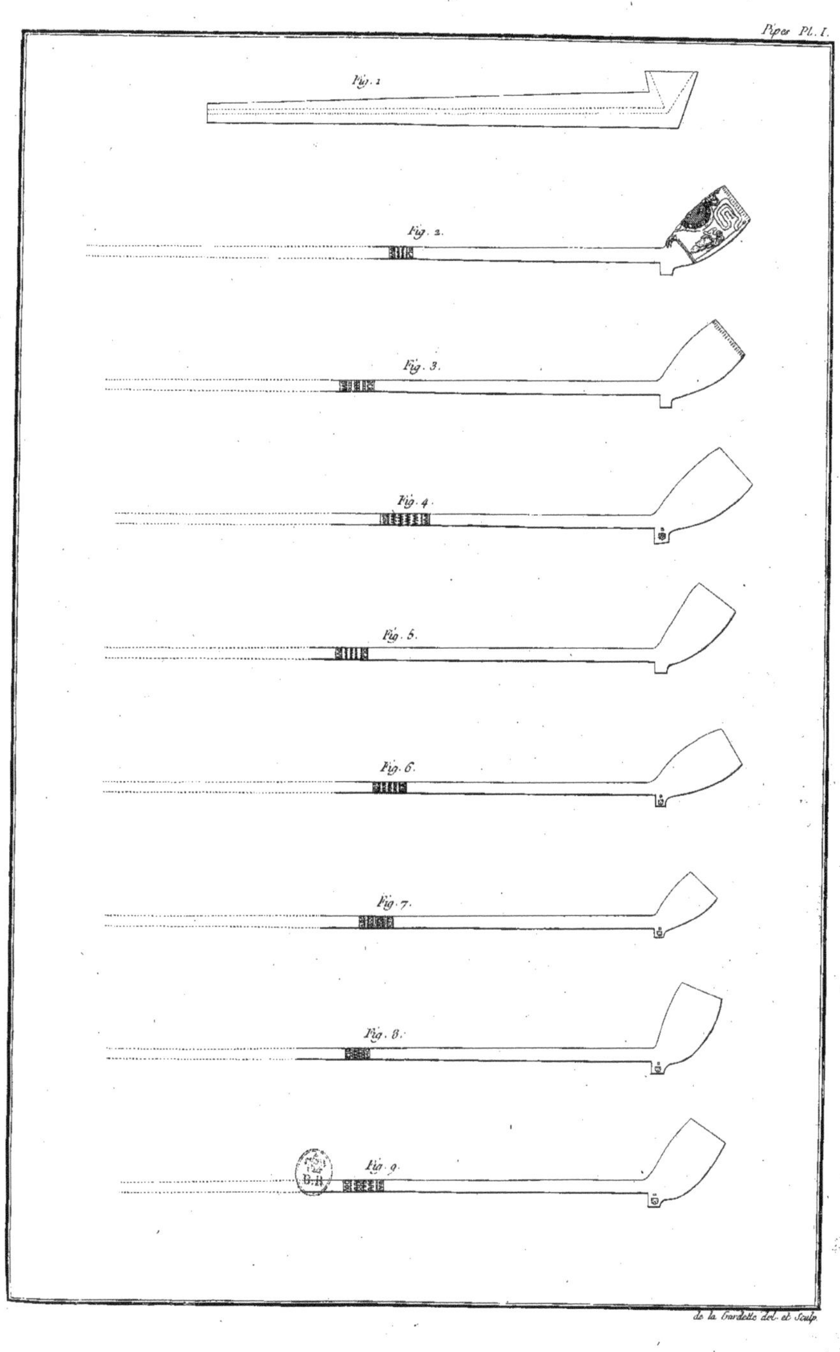

Fig. 1.
Fig. 2.
Fig. 3.
Fig. 4.
Fig. 5.
Fig. 6.
Fig. 7.
Fig. 8.
Fig. 9.
de la Gardette del. et Sculp.

Fig. 10.

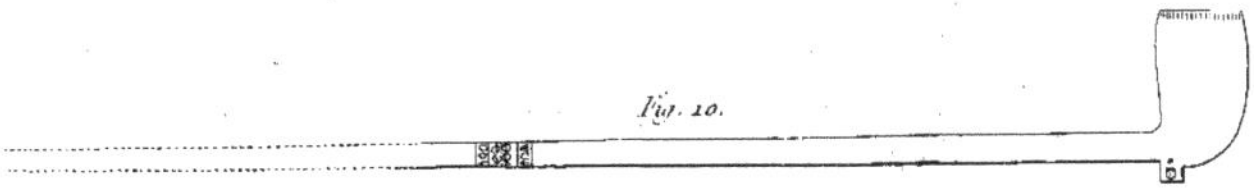

Fig. 11.

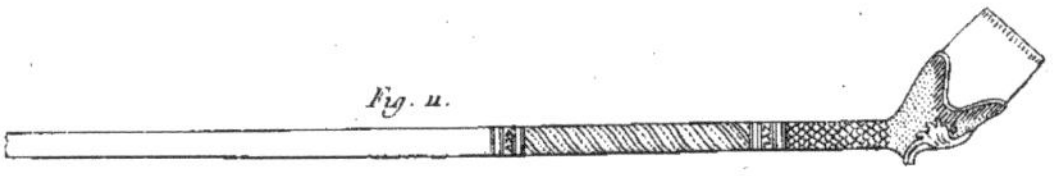

Fig. 12.

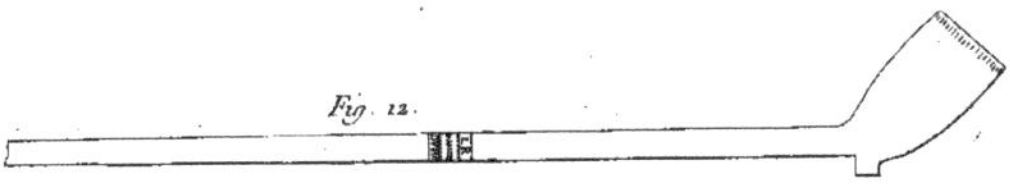

Fig. 13.

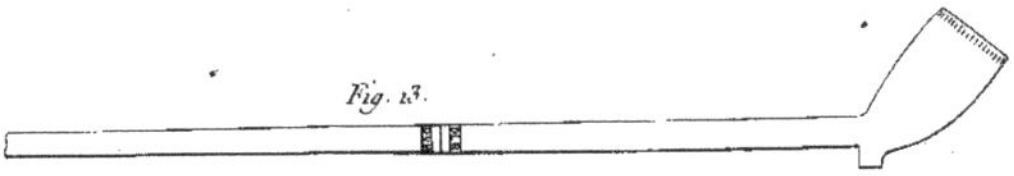

Fig. 14.

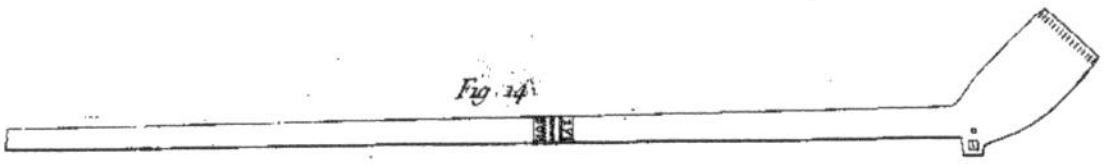

Fig. 15.

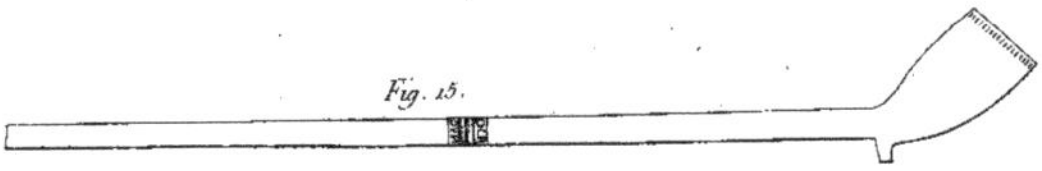

Fig. 16.

Fig. 17.

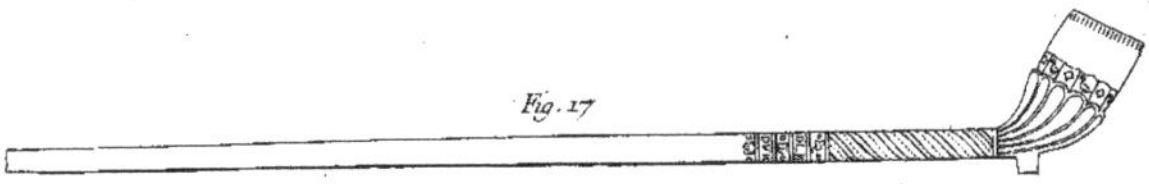

Fig. 18.

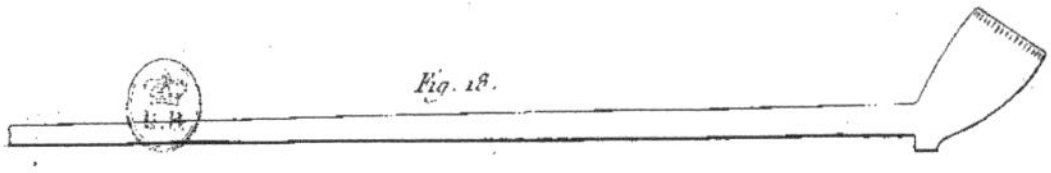

de la Gardette del. et sculp.

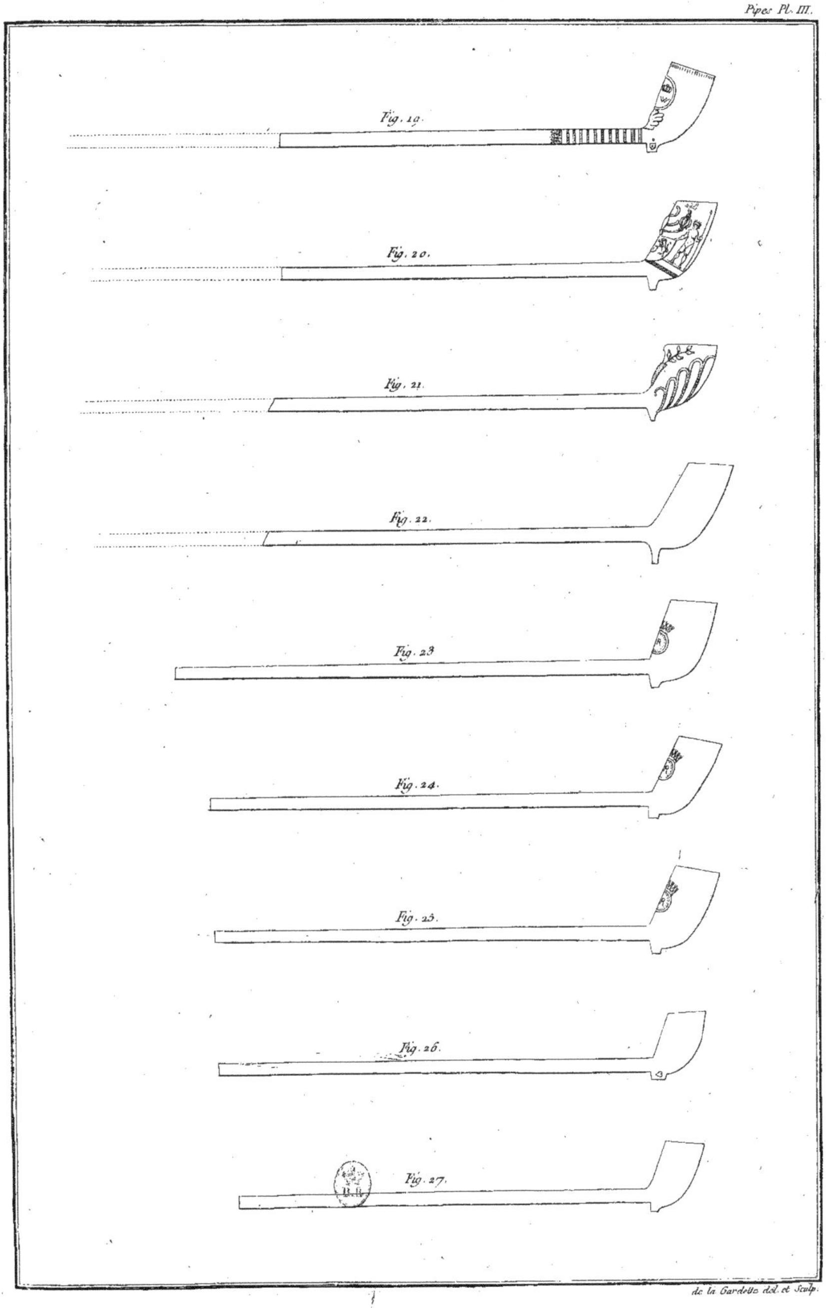

Fig. 19.

Fig. 20.

Fig. 21.

Fig. 22.

Fig. 23.

Fig. 24.

Fig. 25.

Fig. 26.

Fig. 27.

de la Gardette del. et Sculp.

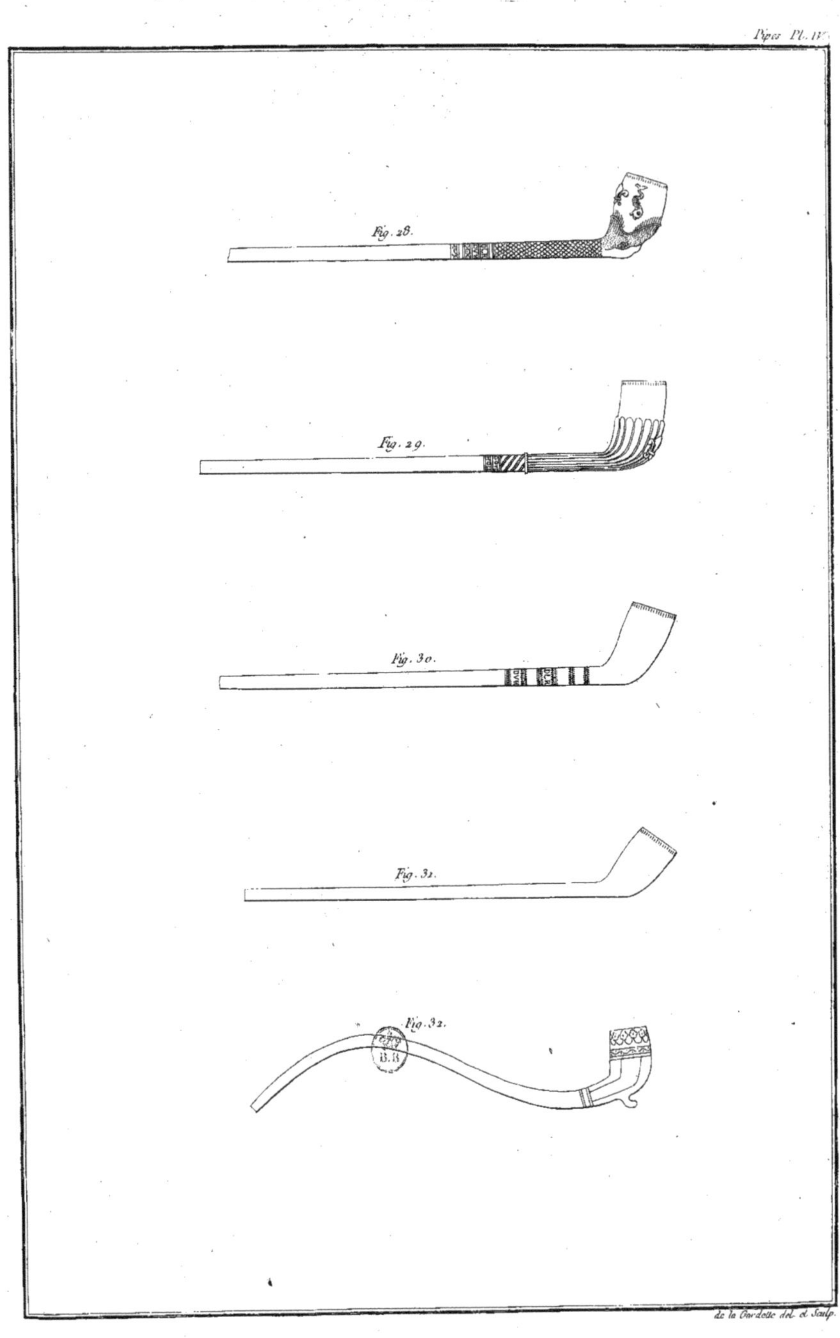
Fig. 28.
Fig. 29.
Fig. 30.
Fig. 31.
Fig. 32.

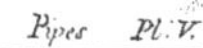

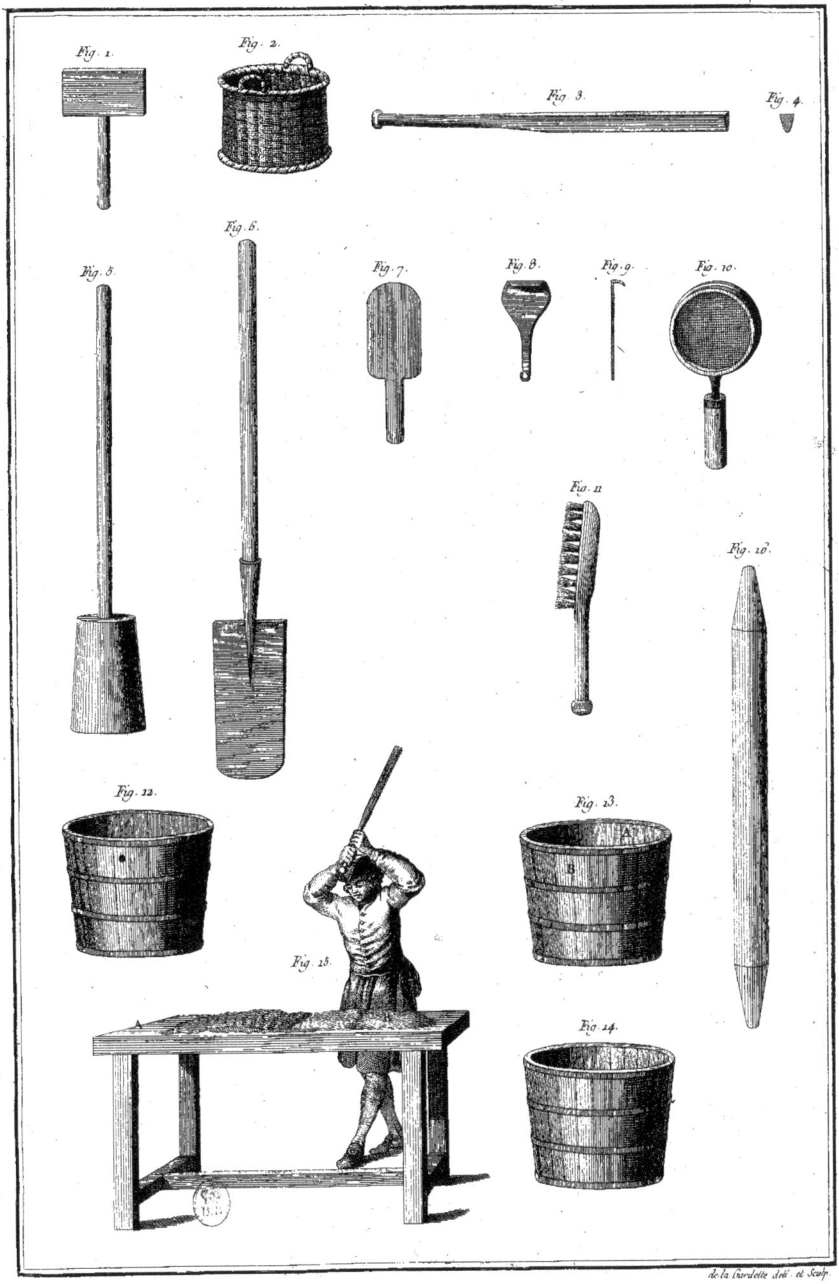
Fig. 1.
Fig. 2.
Fig. 3.
Fig. 4.
Fig. 5.
Fig. 6.
Fig. 7.
Fig. 8.
Fig. 9.
Fig. 10.
Fig. 11.
Fig. 16.
Fig. 12.
Fig. 13.
A
B
Fig. 15.
A
Fig. 14.

de la Gardette deli. et Sculp.

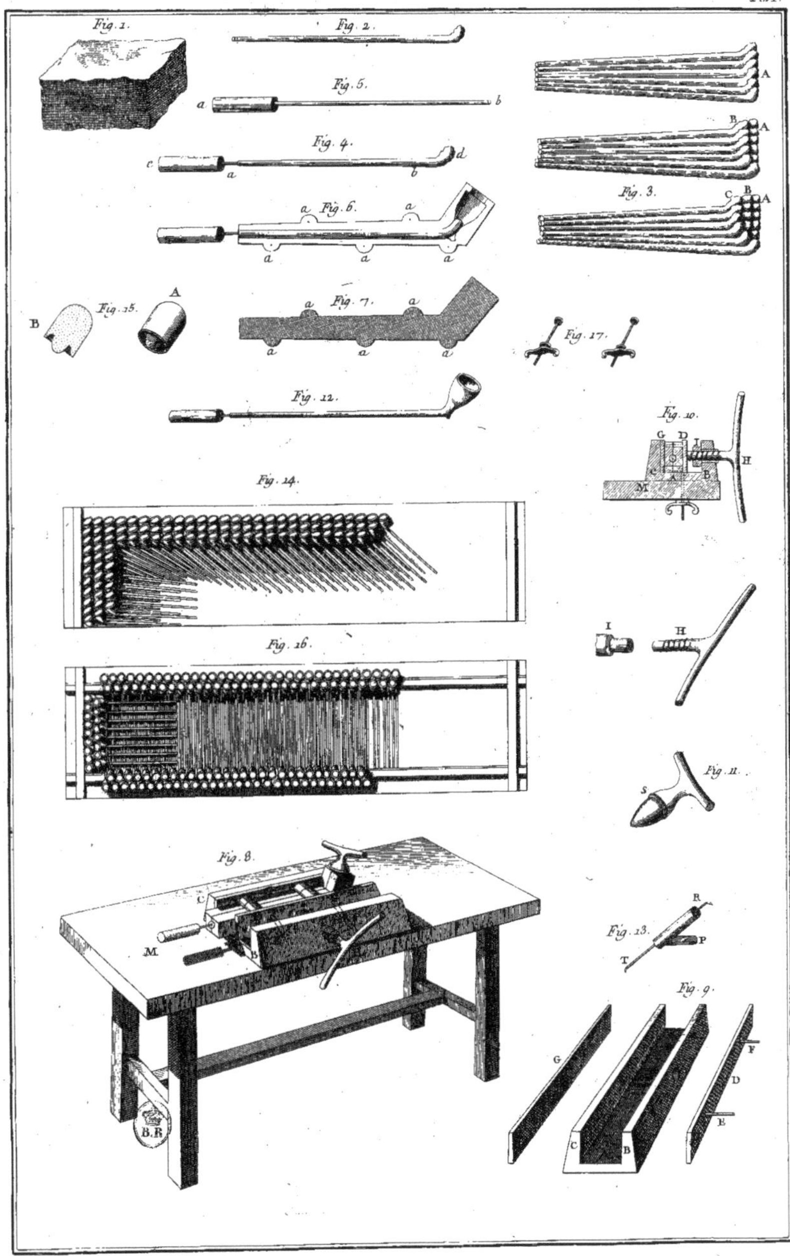
Fig. 1.
Fig. 2.
Fig. 5.
Fig. 4.
Fig. 6.
Fig. 3.
Fig. 15.
Fig. 7.
Fig. 17.
Fig. 12.
Fig. 10.
Fig. 14.
Fig. 16.
Fig. 11.
Fig. 8.
Fig. 13.
Fig. 9.
A
B
C
a b
c d
A
B
H
I
H
I
S
M
B
C
R
P
T
G
F
D
E
B
C
B.R

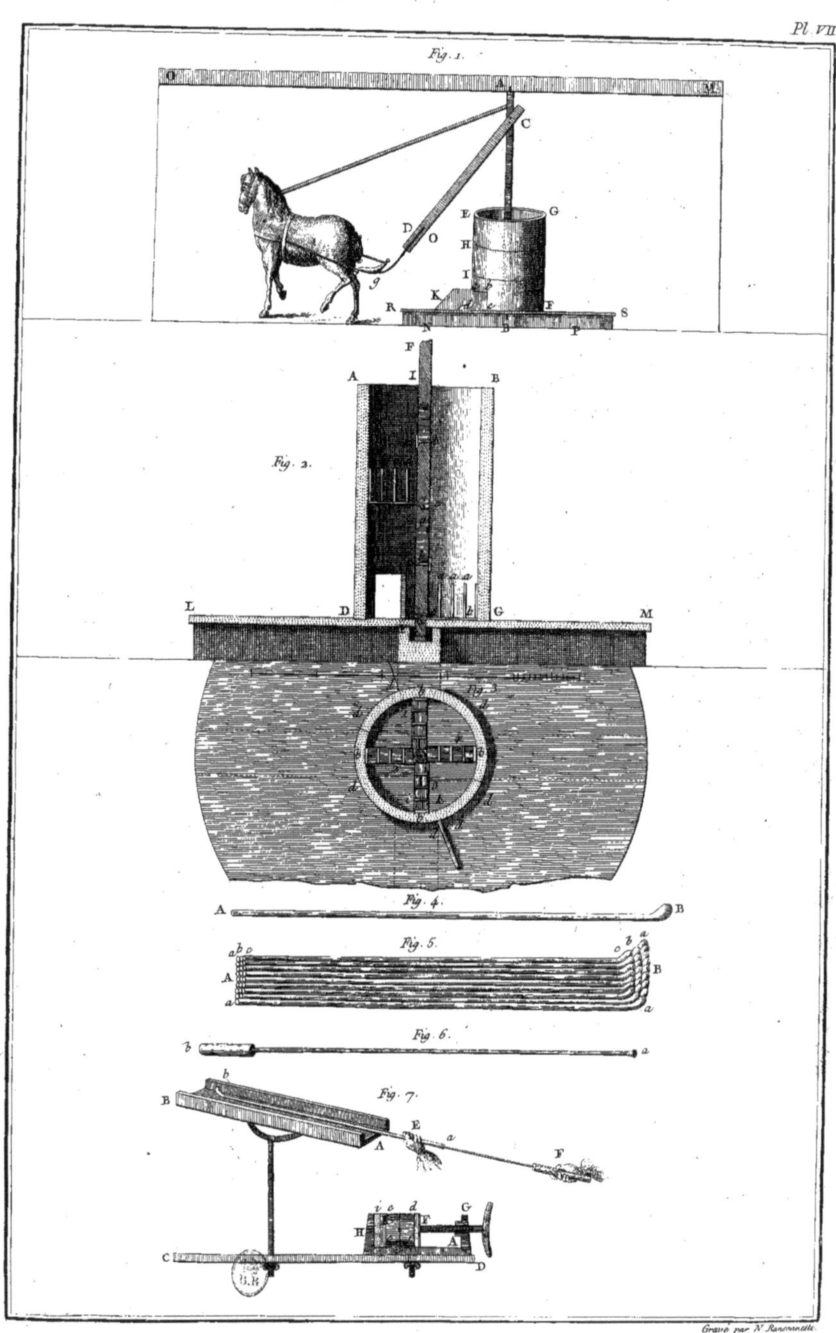

Fig. 1.
Fig. 2.
Fig. 4.
Fig. 5.
Fig. 6.
Fig. 7.
Gravé par N. Ransonnette.

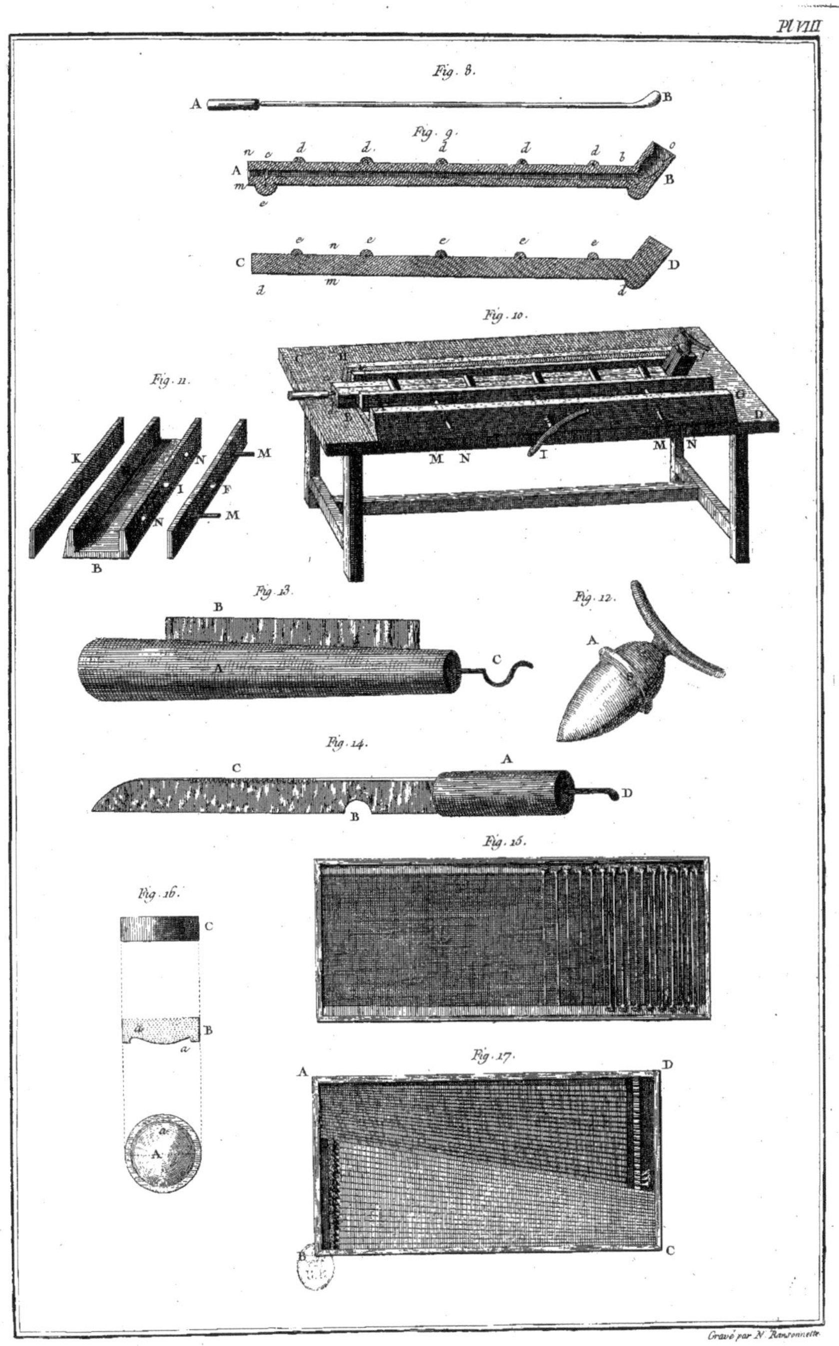
Fig. 8.
Fig. 9.
Fig. 10.
Fig. 11.
Fig. 12.
Fig. 13.
Fig. 14.
Fig. 15.
Fig. 16.
Fig. 17.

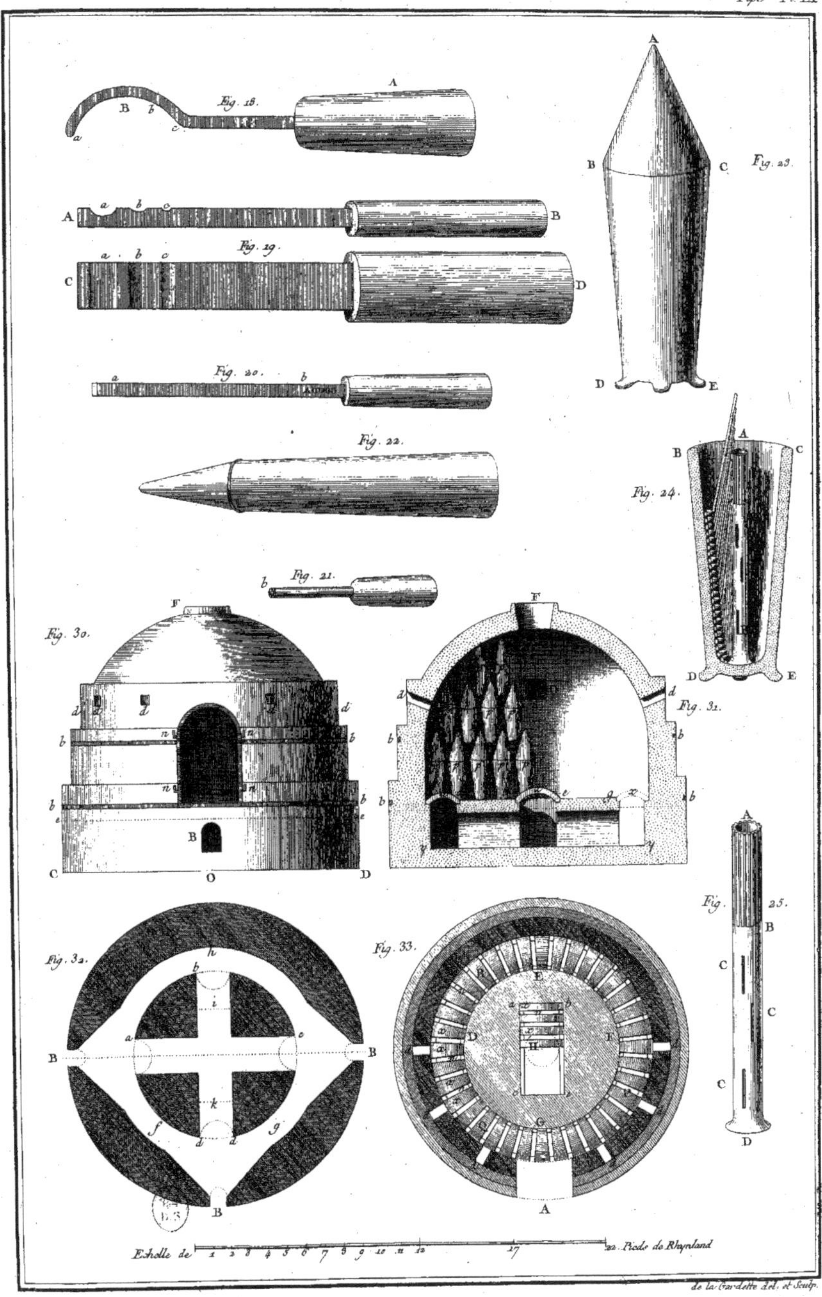

Pape. Pl. IX
Fig. 18.
Fig. 19.
Fig. 20.
Fig. 21.
Fig. 22.
Fig. 23.
Fig. 24.
Fig. 25.
Fig. 30.
Fig. 31.
Fig. 32.
Fig. 33.
Echelle de 1 2 3 4 5 6 7 8 9 10 11 12 17 22 Piede de Rhynland
de la Cordette del. et Sculp.

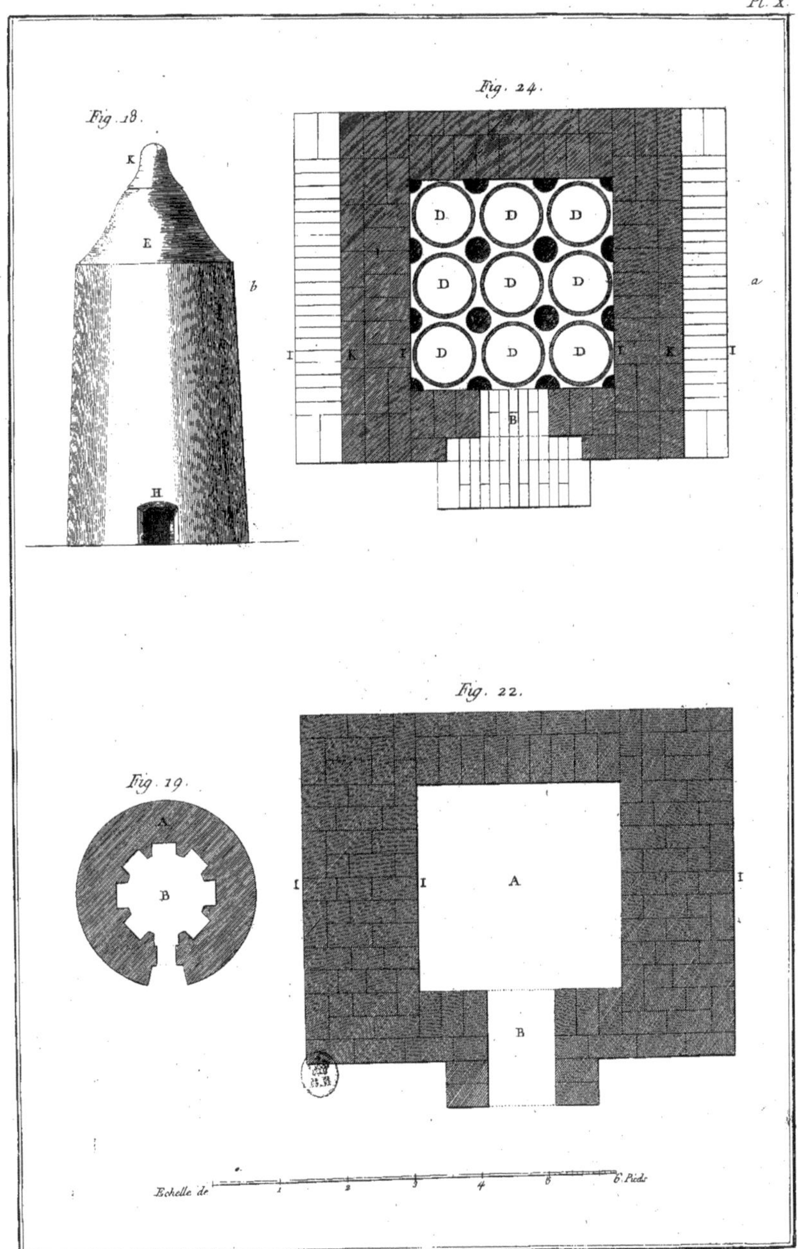

Fig. 18.
Fig. 24.
Fig. 19.
Fig. 22.
K
E
b
H
D D D
D D D
D D D
B
a
I K I I K I
A
B
I I A I
B
Echelle de 1 2 3 4 5 6 Pieds

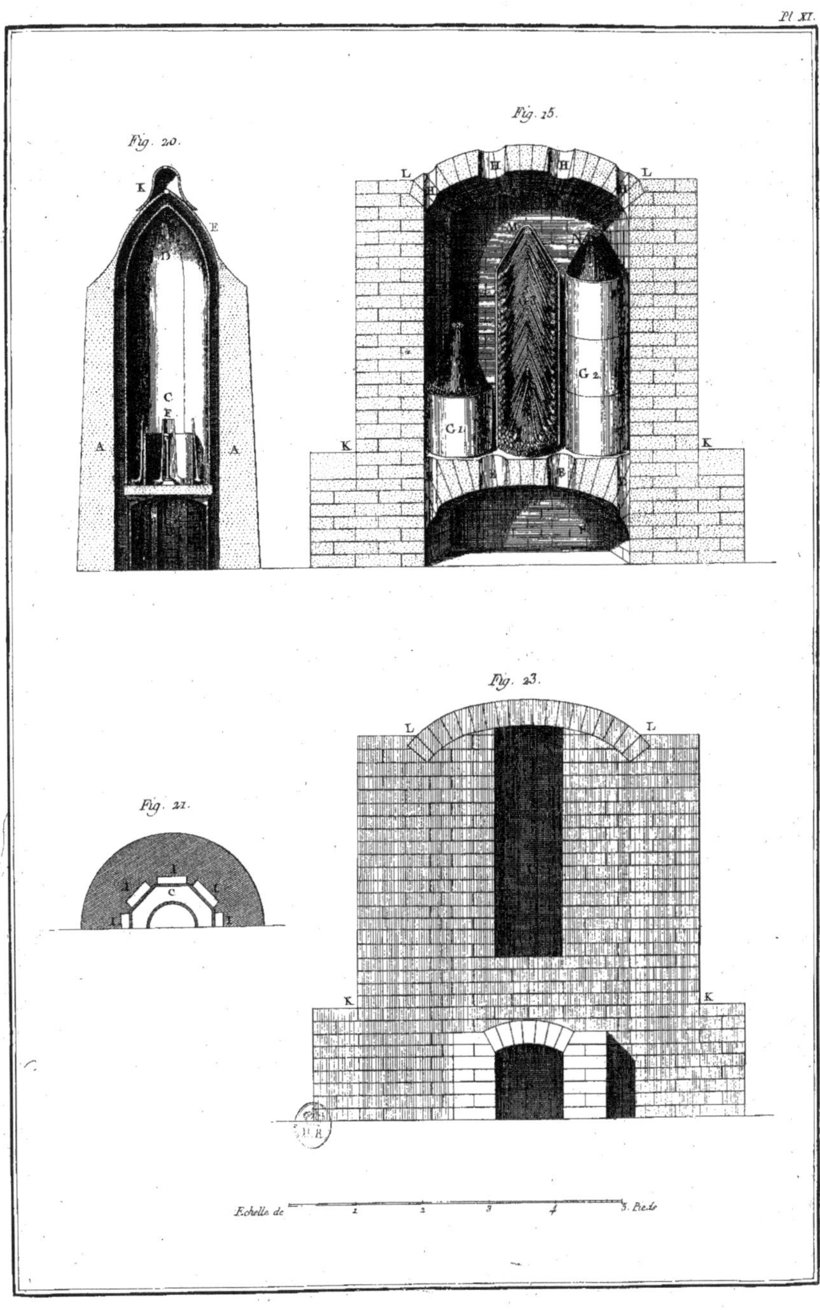
Fig. 20.
Fig. 25.
K
E
D
C
F
A A
L H H L
H
M N
G1
G2
K K
Fig. 23.
L L
K K
Fig. 21.
Echelle de   1   2   3   4   5. Pieds

9 782019 318789